悩む前にやるべきワンランク上の経営学

中小企業を長く続ける 社長の指南書

税理士 大石豊司

現代書林

まえがき　社長が抱える三つの悩み

「どんな業種が儲かっていますか？」

私たち会計人はこんな質問をよく受けます。残念ですが、昨今は業種で儲かるほど恵まれた業界は見当たらなくなりました。

そんな質問をしてくる方の多くは、流行に敏感なことが商売の成功要因だと思っている節があります。風を読むことは確かに必要ですし、市場に合った商品を取り扱うのはとても大切なことです。

しかし現実には、大ヒット商品を持っている中小企業など滅多にありません。反対に、こんな時代においても、商品力や技術力は普通でも、なぜか繁盛している会社もあるのです。決して派手ではないそんな会社にこそ成功の秘訣があるものです。

例えば、お客様の立場で考える、社員を大切にする、高い倫理性がある……これらは業種や業界に関係ありません。いつの時代でも大切にしていかなくてはならないことです。

どれも目に見える形で表れているわけではありませんが、当事者以上にお客様は敏感に感じてしまうものです。つまり、社員を大切にすることや高い倫理性も立派に差別化になりますし、多くの長続きしている会社の共通項でもあるのです。

会社の文化は社長の人格そのものです。中小企業の場合、社長の人格と違う会社ができることはあり得ません。と言っても、ただただ真面目な社長がうまくいくのではありません。しかし、長い間うまくいっている会社の社長は、技術力、商品力、営業力などのスキル面はもとより、必ず人として魅力的な方たちです。

こんなに厳しく流れの早い時代には、社長が即効性を求めたがることも理解できますが、原理原則を忘れた経営ではいずれ痛い目に遭うと心しておかなければなりません。

経営に悩みはつきものです。私はこれまで悩みのない社長に出会ったことがありません。そして、その社長の悩みを見ると大きく三つに分類することができます。

一つ目は、社長が将来に向けて夢のあるビジョンが描けないことです。社長の多くは、将来的に自社をどうしたいのか、またどうありたいのかを表明できないでいるのです。それができている社長は1割もいません。かく言う私自身も会計事務所を始めたときには、誰もが納得するようなビジョンは示せませんでした。そもそもビジョンなど持っていませんでした。

会社というのは、経営者と社員とが同じ船に乗って同じ港を目指して共同で航海していくものです。目指す港に魅力があれば、社員は現状の不足や少々の困難も乗り越え、力になってくれるものです。社員にとっては航海そのものが人生ですから、楽しく充実した航海にしたいと必ず思っています。

大切なことは、その目指す港を社長自身が決めて、社員に宣言することです。会社の方向性は社員には決めることはできません。社員が方向性に共感できて、働きがいを持てる職場づくりは、必ず顧客満足に繋がります。

二つ目は社員についての悩みです。いつもいい社員ばかり採用できるといいのですが、中小企業の場合はそうそううまくいくものではありません。

「採用の失敗は教育では補えない」と、ザ・リッツ・カールトン元日本支社長の高野登さんが言われる通り、誤った採用は取り返しがつきません。採用に最大限の力を注ぐのはもちろんですが、組織が大きくなるにつれ、いろいろな社員が迷い込んでくる可能性はどうしても高くなります。ある規模を超えたら仕方のないことです。

では、ダメな社員に辞めてもらったら組織全体が良くなるかと言えば、あにはからんや。

ダメ社員がいなくなっても、残った人の中からそのダメ社員のポジションに落ちてくる人が必ずいるのです。つまり、ダメな社員に辞めてもらったら問題が解決するかと言ったら、また同じ問題が生まれてしまうものなのです。結局は、人材育成に時間とお金と労力をかけることが正解なのです。

そして三つ目は、やり方がわからないというものです。基本の業務について悩んでご苦労なさっている社長が多いのですが、私は飲食店を例に出して「皿の上の勝負はしないでください」といつも申し上げています。

つまり、「料理で勝負はするな」ということです。三ツ星レストランを目指して、皿の上の料理そのものに命をかけている職人さんからはお叱りを受けそうですね。

業界における上位0・1％の三ツ星を狙っている方は、そのまま目標に向かって時間もお金も情熱も注ぎ続けるのがいいと思います。しかし、超一流を目指しているわけではないが、とにかく商売がうまくいかないと悩む経営者は、一旦皿の上から意識を外してもらうことで見える世界が違ってくるものです。

もちろん料理は美味しいほうがいいに決まっています。それでも、あえて皿から目を外せと申し上げるのは、「お客様が来てくれない原因は皿の上に問題があるからだ」と思い込んでいる社長があまりに多いからです。

いい食材といいレシピで行列ができると信じて疑わないのであれば、いつまでも食材探しとレシピづくりをしていたらいいのです。しかし、それで結果が出ずに苦労されている社長を数多く見てきました。皿以外に目を向けることでビジネスが化ける会社はたくさんあると、中小企業経営者に知っていただきたいのです。

私ども会計事務所は、多くのいい会社、いい社長、いい取り組みを見せていただいております。そんないい事例をお客様にお伝えすることで、いい会社の輪をさらに大きくしていくことは私どもの大切な使命です。

究極のいい会社は、「給料は安いけれど、この会社に定年まで勤めていたい」と社員に言われるような会社です。ただし実際に給料が安いようでは、経営者にとって自慢になりません。これで給料が同地域同業他社より1～2割高かったら本当にいい会社と言えます。日頃、経営相談を受ける機会が多い私ですが、私自身が多くの中小企業の皆様と同じように、悩みを抱える経営者の一人です。

本書を通じて、社員が家族や友人に胸を張って自慢したくなるような、そんないい会社を皆様と一緒に創っていけたら、私にとって望外の幸せです。

目次

まえがき　社長が抱える三つの悩み――1

第1章

将来のビジョンが描けない……

社長はどうあるべきか？

経営者には七つの資質が求められる――12
経営者の価値観が会社をつくる――15
社長の方向性を意思表示する――17
中小企業こそ経営理念をつくる――19
良いことはとことんやり続ける――21
会社の理想像は経営計画書で表す――24
結果責任は社長にある――26
理想を演じ続ける――28
進んで会社に変化を起こす――30
近くに小さな目標を設定する――32
目標そのものを目標としない――35

自分でやらないのが社長の仕事である――37
人生観で成功と失敗は分かれる――39
100億企業より100年企業を目指す――41
分かれ道は感性を大事に選ぶ――43
なりたい自分を明確にする――45
感情をコントロールできるようになる――47
環境は自分の行動で変える――49
言葉より行動を見せる――51
大きな決断は自分だけでする――53
社長が変われば会社が変わる――55
未来のために現在のバランスを壊す――59
いい社長になる――61

第2章

社員に危機感が足りない……

社長はどう指導すべきか?

社員は社長の鏡であると知る――64
社員の同質化を進める――66
承認を見える化する――69
最初のペンギンを評価する――72
社員が辞めない会社にする――74

未来に期待が持てる会社にする　76
社員満足を追求する　78
はじめの印象を上げていく　80
幹部には同じ方向性の社員を登用する　82
ミニ社長を育てる　84
厳しい上司こそ人を育てる　86
サンクスカードで風通しを良くする　88
朝礼で会社の方向性を確かめ合う　91
お褒めの言葉を発表する　95
全員参加のイベントを行う　97
挨拶で業績を良くする　100
人材教育では長所を伸ばす　102
営業の接触時間をチェックする　104
結論から先に言わせる　106
まず社員の話から聞く　108
不安は聞いて不満は聞き流す　110
反省が見えたら怒らない　112
クレームにはとにかく謝らせる　115
他人ではなく自分の価値観を変える　117
電話応対で差別化を図る　119
身だしなみで印象を上げる　121

第3章

基本業務がうまくいかない……

一流になるにはまず形から入る――123
人も会社も見た目が一番である――125
決める訓練を積む――127
勝ちグセをつける――129
悩まずに今を生きる――131
女性社員を活用する――133
人生を豊かにすることをすすめる――135

社長はどう経営すべきか?

キャッシュフローをプラスにする――138
自社の位置を知る――140
弱者の戦い方で活路を見出す――143
小さな領域の中で一番になる――145
お金を回収する――147
客単価を上げる――149
顧客満足を進める――151
損得勘定から消費行為を考える――153
銀行が貸すと言ったら借りておく――155
資金繰りの生産性はゼロである――157

積極性だけでは生き残れない――159
生産性を上げて給料も上げる――161
アウトソーシングを活用する――163
社員が循環する会社にする――165
リースは期限満了までしっかり使う――167
合わせ技で競争力を高める――170
ホームページを有効に利用する――173
優良顧客をえこひいきする――175
良さを見つけて高く売る――177
レシートを発行する――179
コストだけで引っ越さない――181
自分に合った器を見つける――183
税金は儲けて払う――185
社員の時は金である――187
来期を語る――189
経理を変えて会社を変える――191

あとがき　会社はおとなの学校――193

第 1 章

将来のビジョンが描けない……

社長はどうあるべきか？

経営者には七つの資質が求められる

社長業はとても厳しく難しい仕事です。夜中に目が覚め、眠れなくなった経験はどなたにもあるはずです。特に昨今の環境下では、並みの人でしたら精神的に押し潰されてしまいます。多少いい思いができる場面はあっても、やはり厳しいのが社長業です。

しかし一方で、これほどやりがいのある仕事もありません。業種ではなく、社長業そのものにやりがいがあるのです。周囲に大きな影響を与えることに喜びを覚えるような人には、いつかはチャレンジしてもらいたいものです。生まれ変わっても、またなりたいのが社長業なのですから。

とは言うものの、誰もが経営者に向いているわけではありません。うまくいっている社長とそうではない社長、そこにどんな違いがあるのでしょうか?

以下に、社長の資質としてあったらいいと思えるものを書き出してみました。すべて揃っている必要もありませんが、これらの要素に無縁の人は社長業など目指さないほうがよいでしょう。

①情熱があること

どんなに知識があり、スキルがあろうと、情熱がなければ経営は続けられないし、人はついてきません。情熱なくして成功した人などいないのです。

②ビジョンがあること

ただただ頑張ることでうまくいくのではありません。どのようにやりたいのか、どのようにありたいのか、将来のイメージがないことは実現できません。同業者を真似て、後をついていくだけでは困るのです。

③営業力があること

素晴らしい企画力や創造力も、それを営業し、売り込む力のない会社が成功する可能性は限りなく小さくなります。いいモノは黙っていても売れるというほど商売は甘くありません。

④覚悟を持った決断ができること

オープンディスカッションも結構なのですが、重要なテーマについてはみんなの総意や平均値で決めてはなりません。最終責任はすべて社長が負うのです。責任ある立場の人とそうではない人とでは、決定に違いが出るものです。

⑤社員に誠実であること

社員が辞めていくのは、自分の価値観や人格を認められないからです。カリスマ性などは経営者にとって特別必要な要素ではありませんが、社員に対する慈しみ深さは、大きく成功する社長の必須要件です。

⑥能力のない人を使えること

普通の会社では、それほど能力が高くなくてもやれる仕事があるものです。そんな仕事を喜んでやってくれる社員も、会社にとっては大切な人です。会社は４番バッターだけでは運営できないのです。

⑦自分より優れている人を使えること

中小企業の社長は、社内で自分より能力の高い人を敬遠する傾向がありますが、何でもできるマルチ社長はいません。営業力のない社長は優秀な営業マンを、経理の苦手な社長は優秀な経理マンを雇えばいいのです。

私も50年生きていてもまだまだ足りないことばかりで、特に社員に対する慈しみについては、いつも反省しきりです。年齢を問わず、学びがあるからこそ人生は面白いのです。

経営者の価値観が会社をつくる

私たちの環境は自分の価値観に合うものばかりで構成されます。すべては自分の思い通りになっているのです。一旦は価値観に合わないものを手に入れたとしても、それが本当に価値観に合わないものなら手放してしまいますから、少なくとも価値観に反するものを持ち続ける人はいないのです。

これは、配偶者や勤めている会社、住んでいる家にしても同じです。どうしても嫌ならとっとと別れるとか、退職するとか、引っ越してしまうに違いありません。

あるものを嫌だと思いながらも手放さないでいるのは、何かと比べたらまだましという価値観が働いているからではないでしょうか？　その意味では、身の回りで嫌だと思いつつも保有し続けているものがあるとしたら、自身の価値観の中ではまだまだ許容範囲内だということです。

中小企業の環境にしても同じです。そこにはオーナー経営者の価値観が色濃く表れます。会社は、経営者がどのように考えているのか、どのような展望を持っているのかでまったく違ったものになります。経営者の価値観に合わないような会社には絶対になりませんし、経営者が思ってもいないことが現実になることはないのです。

ということは、理想の会社をつくりたければ、経営者自身が理想についてある程度明確に考える必要があります。自分の理想を語れずして会社が勝手に理想通りになることはあり得ないのですから。

もしも経営者であるあなたが、理想とする会社を思い描くことができない場合には、あなたの会社が10年、20年後にどのようになっていたいのかを考えてみるといいでしょう。ただしこの場合、あらゆる障害となる要因を無視することです。できない理由は簡単に思いついてしまいますから。すべてが理想通りにいったとしたら、どんな会社になっているのかを考えてください。

良くないのは、間違った経営や駄目な経営について考えることです。良いものとは、悪いものの反対ではありません。駄目なことを研究したからといって良い結果が表れるとは限りません。成功した結婚生活の特徴を知るために、不幸な結婚生活を研究してもほとんど役に立たないのと同じことです。

社長の方向性を意思表示する

中小企業の場合、社長の価値観、人生観、哲学……これらに合わない人たちが集まると組織の一体感は薄れます。価値観の話なので、良いとか悪いとかの話ではなく、合うとか合わないとかの世界です。

社長が方向性やあり方についてハッキリ意思表示をしなければ、社内では大きな価値観の衝突はありません。もっとも、衝突がないこととベクトルが合っているということとは異なります。

私にも経験がありますが、社長がハッキリ方向性を示すと、それについてこられない社員が出てきます。しかし残った社員はベクトルが合っていますから、より大きな力を発揮することになります。

似たような価値観を持った人たちの集団ですから、少し宗教っぽい状態なのかもしれません。

私は、独立して15年以上経ってから、一つの方向性を文字にしました。「明るく元気で

中小企業の模範たる誇り高き大人の集団」――楽しげで、かつあり方がいいと言われるような会社を理想としたのです

すると「方向性に合わない」と言う社員が出はじめるのです。そもそも笑顔やコミュニケーションが苦手だから税理士資格を目指している、なんて人も多い業界です。

社内では、それ以前からずっと同じことを言い続けていたのですが、あらためて方向性を明確にすると、それまで何となく繋がっていた社員も逃げ場がなくなるのですね。口で言ったことは消えてなくなりますが、文字にすることは私自身も少し勇気がいります。私も逃げてはいられません。

結果、数年もすると「面白い会社がある」と小さな噂になり、一般企業の方が見学に見える変わった会計事務所になっていくのです。

「朋遠方《ともえんぽう》より来《きた》る有《あ》り、亦《また》楽《たの》しからずや」（論語：学而第一）

――志を学んでいると、思いがけず遠方から同志がやってくるのは、なんと楽しいことではないか。

中小企業こそ経営理念をつくる

「経営理念」。あなたの会社にはありますか？ そんなのは、大きな組織の運営では必要だが、中小企業では必要ないとお思いではありませんか？ 経営理念なんてお題目のようなもの、そう思い込んでいる人も少なからずいます。

経営理念がなくても、社長の意思が社内に浸透し、社長の目指すところと社員の行動にブレがなく、業績も納得のいく水準でしたらそれもいいでしょう。しかし、そんな会社は多くありません。

私ども会計事務所の人間は、中小企業の経営者から社員についての悩みや愚痴をよく聞かされます。これは社長の意思が社内に伝わっていない証拠です。目指すところと社員の行動との間に乖離があると、ストレスを感じるのです。

そもそも社長は、自社のあり方、未来像についての意思を社内に伝え、定着させるためにどんな工夫をするべきでしょうか？ そのためには、しつこく語り続けるか、紙に書き表すしかないのです。

経営理念とは、経営者が企業経営に対して持つ基本的な価値、態度、信念や行動基準です。社長にビジョンがないまま、社員の個性、感性に頼っていたのでは、会社としての統一性、一貫性は保てません。経営理念という土台の上で社員の自発的な活動ができたら、それこそ素晴らしい会社になること間違いなしです。

大石会計では、経営理念を定着させるために毎朝唱和するだけでなく、朝礼の中で理念についてどのように理解し、行動しているのかを社員が2分間語るコーナーがあります。そこでは全員が必ずポジティブに語ります。ネガティブに語る人は一人もいません。そして、語るために日々考えることで、潜在意識の中に擦り込まれていくのです。まるで宗教活動のようかもしれません。皆様の会社でもやってみてはいかがでしょうか?

大石会計事務所　経営理念

一、私たちの最大の使命は、人を大切にする感動経営企業を広めることです。
一、私たちの最大の社会貢献は、利益を生む中小企業創りのお手伝いです。
一、私たちの最大の夢は、事業活動を通じた地域社会の活性化です。

良いこととはとことんやり続ける

よくＣＳ（顧客満足）とかＥＳ（社員満足）と言いますが、皆様はどちらが大切だと考えますか？　もしかしたら、経営者と社員とでは意見が異なるかもしれませんね。

ＣＳについては多くの社長が語りますが、ＥＳについて語る社長は案外少ないものです。いいところ１～２割ではないでしょうか。

ＣＳを語る社長でＥＳも語る社長は少ないのですが、ＥＳを語る社長はどなたもＣＳについても語ります。つまり、ＥＳを語る社長のほうが一般的には経営者として成熟しているように思えます。

しかし、ＣＳとＥＳはそもそも比べるものでもありません。私は究極どちらも同じかなと思っています。

満足度の高い顧客サービスは、満たされていない社員には難しいことです。逆もまた然りで、社員満足は顧客満足なくしてあり得ません。どちらを追求しても究極はいい会社になるのです。

山の登り方はいく通りもあるのですが、登りつめた頂上は同じところになります。

経営理念についても、立派な経営理念を掲げている会社と、そう言っては何ですが、表現が少し稚拙な経営理念を掲げている会社とがあります。

経営理念は、そこに何が書かれているかはあまり大きな問題ではありません。大切なことは、そこに書かれていることを愚直にやり通しているかどうかなのです。どんなに立派なことが書かれていても、やっていなければ、単なる絵空事に過ぎません。

しかし、やっていれば、そこに書かれていることはあまり問題になりません。経営理念ですから、必ずいいことが書かれているわけです。

アメリカの心理学者アブラハム・マズロー（欲求5段階説を唱えた人です）は、愛、誠実、正義、真実など、いい言葉は、究極においては同義であると言いました。「愛はあるが、誠実ではない」「誠実ではあるが、正義がない」「正義はあるが、真実さがない」なんてことはあり得ないのです。

ということは、経営理念には何が書かれていようとも、とことん追求することで、どれも頂上にたどり着けるということなのです。

私どもは、会社を「おとなの学校」と位置づけ、世間的には少し変わった活動をしています。うまくいかない場面、笑われた場面もありました。外部から宗教っぽいと言われたり、社内から批判の声が聞こえたこともあり、心が折れそうになった場面も何度かありました。しかし何と言われてもやり通すことが大切と信じて続けた結果、多くの出会いに繋がり、また出会う人の水準も違ってきました。共感し、認めてくれる人たちがいることで勇気づけられます。

いい会社をつくって、そのいい会社が伝播して日本が元気になることが理想ですが、そこまで大げさではないにしても、地域社会が元気になったら嬉しいことです。

会社の理想像は経営計画書で表す

皆様の会社の社員は、自社の向かっている方向性について理解できているでしょうか？自信を持って「当たり前だろ」と言い切れる社長が果たしてどれだけいるでしょう。

社員が会社の方向性を理解し、気持ちが同じ方向を向いていたとしたら、それだけで組織力はずいぶん強くなるものです。もっとも、そのためには常日頃から社長であるあなたが、進むべき方向性を社員に示していなくてはなりません。

イメージできないものが実現することはありません。あなたがまだ方向性を示していないとしたら、まずは社員の誰もがイメージできるような方向性を示してあげるべきです。

社員は放っておいても自発的・効率的にやるかと言うと、ごく一部の社員を除けば、そのようなことはありません。社員が自発的かつ効率的にやろうと思うのは、会社の方向性について共有できている場合なのです。

中小企業の社長は、会社の展望や自らのありたい理想像を社員に伝えていないことが多いものです。それは社長自身が自信を持てていないということもあるのかもしれませんが、それより何より考えることそのものを避けているのではないでしょうか？

今の自分に何ができるのかではなく、すべての条件が整っていたと仮定して、どうなりたいのか、何をしたいのかと考えてみてはいかがでしょう。

あなたの会社の社員が知りたがっているのは、社長が何を考えているかであり、会社がどこに向かっているかなのです。社員にとっては、自分の乗った船がどこに向かっているのかは人生そのものの方向でもあるからです。

そして、それを社員に伝えるための道具として、最も効果のあるものが「経営計画書」です。経営計画書とは、会社の売上目標や出店計画など数値面だけを書くものと思っている方が多いのですが、大切なことは、社長が思い描く会社の理想像をそこに盛り込むことなのです。

会社のありたい姿、社員との関係、お客様との関係、社会との関わり方など、社長がイメージする会社の理想像を経営計画書で表したらいいのです。そして社員と語り合ったらいいのです。これこそが遠回りのようでいて、実は効率のいい経営に繋がるのです。

結果責任は社長にある

社員みんなで自由に意見を言い合える風通しのいい会社をどう思いますか？　仲良く合議制で運営されるなんて、理想的な気がしてきますね。

しかし、ここで勘違いしてほしくありません。社員の合議で決めていいのは、会社の方向性ではなく、現場におけるやり方などの実施面についてです。

中小企業において、会社の方向性は社長が示していくしかありません。そこで社員に意見を求める必要性も意味もまったくありません。時に経営者は、社内事情も無視した厳しい決定を下さなければならないこともあるのです。

そんな重要な決定に、社員の意見を取り入れるわけにはいきません。多くの意見を求めれば、平均的な答えになってしまうからです。うまくいっている会社の多くは、平均的ではありません。そんな会社の社長は、いい意味で異端児なのです。

そして、社長が決めた方向性や計画値についていい結果が出なかったとしても、その責任を社員に負わせてはなりません。結果や利益に対する責任は、すべて社長が負うのです。

社員が責任を問われるべきは、結果ではありません。決められたことを決められた通りに実施しなかったときです。つまり実施責任は問われても、結果責任は問われないのが社員なのです。

ときどき、「赤字の原因は社員がダメだから」と言う社長がいます。そこまでは言わないまでも、自社のダメ社員のダメ行動を他人の前であげつらう社長には結構出会います。情けない限りです。そんな社員を採用したのも、教育したのも社長自身ではないですか。

「自由に意見を言い合える会社」――それは私自身も目指したいところです。ただし、それは経営者が示した方向性の中において、自由闊達に意見を出し合えるということです。何の制限もなく社員の思いや理想に任せて運営したら、会社はあっという間に潰れてしまいます。

「事業経営は社長のワンマン決定こそ正しい姿勢であり、合議制は社長の責任逃れを美化したものだ」（経営コンサルタント　一倉定）

理想を演じ続ける

大石会計の朝礼では、全社員が日本一宣言を行っています。これは、各人が「スマイル日本一」とか「勉強熱心日本一」などと、なりたい自分を宣言するものです。

しかし毎日同じ宣言を繰り返していると、慣れっこになり、口先だけになってしまいがちです。それでは良くありません。

自分のした宣言を意識して振る舞い続けることで、理想の自分に一歩でも近づくことができるわけですし、自分に対する周りのイメージは確実に変わり、やがて人生そのものに必ずプラスの変化が起こります。

内面まで理想的な自分になろうと無理をすることはありません。心を変えようと思っても、そんなに簡単に心を変えることはできません。まずはイメージした理想通りに演じるだけでいいのです。ウソでもいいから理想的な動作、表情、発言を続けていくことが大切なのです。

心はどうでもいいとは言いませんが、とりあえず形から入るというのもありだと思います。茶道や華道、武道も心を大切にしながらも、最初は形から入るのですから。

例えば、あなたに苦手な人がいたとします。あなたがその人に対して「あなたが大好き」と疑いを持たれずに演じ続けたらどうなるでしょうか？　きっと相手の人もあなたのことを心から好きになってくれるでしょうし、何よりもあなた自身が本当に相手を好きになるはずです。

私には理想の経営者のイメージがあります。それは「熱い経営者」です。知識、技術、人柄、優しさ、体力、財力……これだけでは経営者にとって十分条件ではありません。一番大切なのは情熱です。経営者の意欲が社員に勇気や希望を与えるのです。熱意の欠けた経営者では、社員は絶対に動かせません。経営者には、社員の誰よりも熱意を持って経営にあたってもらいたいものです。

熱意のない人は、最高の地位にいてはいけないのです。あなたも熱い経営者を思いっきり演じてみてはいかがでしょうか？

進んで会社に変化を起こす

世の中全体が拡大するような景気の良さがあれば、他社と似たことをやっていても会社は成長するものです。しかし、不景気になった途端に勢いがなくなるようでは困ってしまいます。業績が景気頼みの会社、それは神頼みの経営と同じです。

経営者たる者、アンテナを伸ばして、世の中の動向に関心を向けることは重要なことです。しかし、「他社がやっているから」とか「人に勧められたから」を経営判断の基準にしているようでは、それもどうかと思います。

ビジネスにおいては先頭集団に追いつき、さらに引っ張っていくために、あなたの業界ではまだ誰も経験していないことにも関心を示し、チャレンジしなければなりません。他人と同じことをしているのは安心ではありますが、多少なりとも先行したいのであれば、リスクを避けてばかりではいられないのです。

経営におけるリスクとは、自己の責任において冒す危険の可能性ですが、避けなくてはいけないデンジャーとは違います。

そもそも企業経営はリスク抜きでは語れませんし、リスクのない判断を経営判断とも言いません。どうしてもリスクがお嫌いでしたら、経営者にはならないことです。

「攻撃は最大の防御なり」と言います。企業経営においても、自ら進んで変化することは最大の安全経営と言えるのです。

今では、歌舞伎でさえも一般の人に馴染み理解を求めて、解説をイヤホンで聞きながら鑑賞できるようになっているくらいです。また、伝統工芸も何百年も前からの技術や作品を伝えながらも、現在に合わせる工夫をしています。

変化のない会社は市場に置いていかれます。経営者が当社の進むべき方向性を社内外に明確に打ち出すことで、内部からも外部からも自動的に変化が起こってくるものです。

経営者の抱くビジョンの開示は、世間一般で思われている以上に会社に変化を起こすということを、中小企業の経営者にはわかってもらいたいものです。

「世間というものは、自分がどこへ行きたいのかを明確にしている人には道を空けてくれますが、他人に自分の行き先を決めてもらうような人のことは無視するものです」（ポール・J・マイヤー）

近くに小さな目標を設定する

日本一の富士山の麓、河口湖で育った私ですが、山登りはあまり好きではなく、富士山へ初めて登ったのは50歳近くになってからでした。

私は富士山と言えば、東京の高尾山より少しきつい程度の典型的な大衆の山だと勝手にイメージしていました。ところが、準備段階で経験者の話を聞けば聞くほどに、楽しいことは何一つないことがわかってきました。どなたも口を揃えて、つらい、寒い、もうこりごりと言うのです。ただし、山頂で拝むご来光だけは別のようですが……。

実際に登ってみると、こりごりという気持ちもわからなくはありません。たしかに、一緒に登った当時高校生の娘は、九合目あたりで頭痛と寒さで相当につらそうな顔をしていました。

しかし、登頂と同時に涙があふれ出た娘を見て、本当に登って良かったと心から思いました。それは苦しさを経験したからこそ味わえた涙のようでした。

私は今でも山登りが楽しいとは思えませんが、富士登山を経験して、山登りは人生にも通ずるところがあると気づいたのは大きな収穫でした。先のほうに見える山小屋や頂上に目標を設定して、一つずつそれを達成していくことは人生そのものではないでしょうか。

私自身の過去を振り返ってみて、人はどんなときに迷い悩むのかを考えると、目標がないときだけでした。

明確な目標があるときには、悩んでいる暇などありません。悩みから解放されるには、自分にとって価値のある少し大きめな目標をつくるに限るのです。

目標達成が苦しいのは当たり前です。価値があって目標が大きければ大きいほど、それを達成するには大きな苦しみを伴います。大きな困難があるからこそ、達成感は大きくなるのです。

ただし、山登りと人生では一つだけ大きく異なることがあります。それは、山登りでは目標がハッキリ見えており、途中の試練を越えると確実に最終目的地にたどり着けることがわかっているということです。だからつらくても頑張れるのです。

人生においては目標を設定したとしても、頑張った結果が必ず報われると確信できないことも多いのです。ましてや目標設定のない人生では、きつく苦しいことに耐え抜く理由づけが難しくなります。

だから、多くの人は成功の確信など持てずに途中で諦めたり、はじめから挑戦しないのではないのでしょうか。絶対にいい結果が手にできるとわかっていたら、誰もが挑戦するに決まっています。

確信を持てない未来に向け、愚直にやり抜くには心の強さが必要です。そんな約束されていない未来について、社員に夢を語り、勇気を持って引っ張り続けられる人が有能な社長ではないでしょうか。

途中の苦しみや挫折も、その向こうにある目指すものを手にするためには、当たり前に越さなくてはいけない試練だと思えるのです。何の苦労も障害もなく一気に成功に登りつめる人などいません。

だからこそ、遠くに理想の姿をイメージすることはもちろんなのですが、近くにハッキリとした小さな目標を定め、その達成を確実に確かめることができる、そんな計画が大切なのです。

目標そのものを目標としない

会社の経営は目標を設定して取り組むのですが、計画通りに進まないことも少なくありません。経営者が確信を持って始めたことも、実際はやってみなければわからないことばかりです。

顧客を開拓できない、資金が回らない、社員が育たない、社員が辞めていく……。なかなか思い描いた通りにいくものではありません。

そんなとき、経営者はしばしば孤独感に陥ってしまいます。夜中に目が覚める、食欲がなくなる、胃が痛む、極端な場合は生存目標すらなくなってしまいます。

皆様が事業を興したときのこと、何かにチャレンジしたときのことを思い出してみてください。まだ何も達成していないのに、計画しているだけで楽しかったはずです。

人間は目標に向かって進んでいるときに幸せを感じるものです。目標があることそのものにワクワクするのです。反対に目標を失った人は、そういった楽しさや幸福感まで見失ってしまいます。ですから目標は大切なのです。

昨今の厳しい環境下では、社員の幸福を追求する経営者であっても、給与や人員の削減といった問題に向き合わなくてはならないことがあります。答えのない矛盾した課題に判断を下していかなければならないのです。その最後の決断は、経営者が一人でするしかありません。すべての結果を自身が受け入れるしかないのです。

さらに、一人で判断しなくてはいけない経営者には、身近に相談できる人物が必要です。その相談相手は価値観が同じである必要はありません。かえって異業種の人や違った考え方を持った人のほうが、角度を変えた意見が聞けるのでいいくらいです。会計事務所の社員に、愚痴や悩みを言っていただくのもいいかもしれません。話すだけで楽になることも多いものです。

経営者に悩むなと言っても無理なことでしょう。ですから基本的には、あまり考え込まなくてもすむように、忙しくやっていることがいいのです。

あまりにうまくいかないときには無理をせず、ある一定期間は会社を維持できるだけの、生存できるだけの最低限でもいいと割り切って目標を下方修正することも必要です。

目標は大切ですが、目標そのものが目標なのではありません。目標とは変えてしまってもいいものなのです。目的を達成していくための目標なのですから。

自分でやらないのが社長の仕事である

営業力に多少自信のある人が起業すると、自分一人で年商1億～2億円くらいのビジネスは簡単にできてしまいます。社長の持つノウハウや暗黙知を社員に伝えるより、自身で実践したほうが簡単に成果を出せるので、営業マンは社内に社長だけという中小企業は少なくありません。

しかし、社員が10人を超え、年商4億～5億円になると、社長だけの営業力ではなかなか通用しなくなります。機能しなくなるというのが実際のところではないでしょうか。この規模になると、社長がお客様に直に接する機会は減ってしまいます。社長の体は一つしかないのですから、それも仕方がありません。

どうしても自分がお客様と直接接しなくては気がすまないという社長はそこまでにして、それ以上の規模の拡大は望まないことです。社長の目の届く範囲での納得のいく手厚いサービスを提供するのがいいのではないでしょうか。

会社経営においては、社長が何でもできること、やってしまうことがいいとは限りません。なまじできるから人に任せられないというマイナス面が出てしまうからです。人は任せられないと成長しませんし、何より限られた時間を有効に使うためには任せてしまうしかありません。

料理をつくれなくてもレストラン経営はできるのです。ＪＡＬの社長に就任した稲盛和夫さんが、旅客機を操縦できるという話は聞いたことがありません。

自分にできないこと、苦手なこと、手が回らないことは、人に任せてしまうのがいいのです。営業が苦手なら営業の得意な人にお願いすればいいのです。ＰＣが苦手ならＰＣの得意な人に、経理が苦手なら経理の得意な人に任せてしまうのです。全部自分でなんてできないのですから。

ただ、人に任せることには勇気がいります。当たり前ですが、任せた結果、うまくいかないことも少なくありません。しかし、それを我慢するのも社長の仕事です。お客様に迷惑がかからない範囲では我慢するしかありません。それは自分との戦いでもあるのです。

極論すると、経営とは判断することです。作業をすることではありません。作業や小さな判断を人に任せる勇気さえあれば、時間はいくらでも生まれます。社長が「忙しい、忙しい」などと言っているのはちっとも自慢にならないのです。

人生観で成功と失敗は分かれる

相変わらず厳しい状況が続いている世の中なのに、私は人様から冗談を込めて、「順調なのは大石会計だけ」とか「儲かっているのは大石会計だけ」なんてよく言われます。

現実はどうあろうと、良さげに見られるのはありがたいことです。明るく振る舞う、誠実に振る舞う、優しく振る舞う、本当の自分自身はどうであっても、楽しげに演じることはとても大切なことです。

人の感情は態度となって表れるのですが、反対に態度が感情を変えてしまうというのもあるのです。簡単には変えられないのが精神状態や感情ですが、態度でしたら気合や意志で変えられそうな気がします。

私が税理士を選ぶ立場で、地味で風采の上がらない税理士と、明るい社員に囲まれて元気に振る舞っている税理士のどちらがいいかと聞かれたら、間違いなく後者を選びます。類は友を呼ぶとか同類相憐れむと言いますが、似たような人たちが引き合うものですから、できるものならいい人たちと引き合いたいものです。

これは私が大事にしていることなのですが、学ぶべきものの多くはプラスの事象にあるということです。失敗の反対が成功ではありません。成功と失敗とはまったく違うものなのです。つまり成功は成功したことから学べるのであって、失敗したことから学ぶことは少ないものです。失敗経験者が１００人集まってもほとんど何も生まれません。失敗しない方法あるいは失敗したときの対処法を学ぶことはできても、成功する方法は学べないのです。夫婦生活がうまくいかない人の話をどんなに聞いたところで、幸せな夫婦にはなれないのと同じことです。

一度や二度の失敗は誰にでもあるのですが、失敗やトラブルを繰り返す人は、技術や知識に問題があるのではありません。人生観や思考の習慣に問題があるのです。

難しいことだと思いますが、無意識や潜在意識の世界が変わらないことには根本的な改善には近づけない気がします。習慣は無意識や潜在意識の世界にあるのですから。

ある業界でうまくいった人は、別の業界に行っても成功する可能性は高いのです。そんな成功している人の多くは、素晴らしい人生観や習慣を持った方々なのです。そこからは学ぶことがたくさんあります。ですから、ビジネスに限らず、充実した人生を送っている人とたくさん出会えたらいいなと思っています。

100億企業より100年企業を目指す

皆様は「成功」と聞いてどのようなイメージを持たれますか？　南の島でバカンス、ポルシェ、別荘、ファーストクラス、著名人との付き合い、銀座、華やか……など、私を含めて多くの人には縁のないものばかりです。

私たちが一般的に思い浮かべる成功の状態とは、競争原理に基づいて勝ち取った経済的なものや地位です。当たり前ですが、経営者、特に創業者にはこの成功を追い求める人が多いものです。

多くの経営者と接してきて思うことは、成功して一見幸福そうに見えていても、実は幸福ではない人がたくさんいるということです。多少華やいだ世界ですべてが順調のようでいても、胃潰瘍を患う、家庭を犠牲にして家族関係がおかしくなる、業績は上がったが振り返ると慕ってくる社員がいない……。

社会的成功だけを目指していると、幸せとは正反対の状態になりがちです。経済的には満たされていても、息子には事業を継がせたくはないという経営者は少なくありません。

反対に、社会的にはパッとしていなくても、ご本人は本当に幸せだと感じている人もいます。残業するよりも、早く家に帰って家族と楽しく過ごし、精神的に穏やかで充実した人生を送っている幸せ感満載の人たちです。そんな人ばかりでは日本の行く末は案じられますが、だからと言ってその人が人生の落伍者ということはありません。

私は聞いたことがありませんが、給料は少なくても心穏やかに暮らしたいという社員ばかりが集まったら、どんな会社ができるでしょうか？　そんな社会的成功を放棄して人間的成功だけを目指した経営は、ほぼ宗教団体と同じ状態ですから、それはそれで最高の幸せ感に浸ることができるのかもしれません。まあ、私には絶対に無理ですけれども……。

中小零細企業は規模の拡大ばかりを目指すのではなく、永く続けられる企業を目指すのがいいのではないでしょうか。規模の拡大を追求すると、払う犠牲やリスクも多くなるのです。つまり、１００億円企業ではなく、１００年企業こそが普通の中小企業経営者が目指す道なのです。

「業界№1」「地域一番店」といった社会的成功を目指しつつ、家族や従業員など愛する人たちをどのように幸せにするかという人間的成功も大切にする。経営者に必要なのは、そのバランス感覚なのではないでしょうか。

分かれ道は感性を大事に選ぶ

あなたの人生が映画だとしたら、これからのドラマをどのように展開させるでしょうか？　これからの人生をどれだけ意義あるものにしていけるのかは、あなた次第なのです。

今、あなたの前に2本の道が延びているとします。

右の道は、これまであなたが歩んできた道の延長線上にある道です。様子はおおよそ見当がつきますから不安はありません。

一方、左の道は、あなたが過去に経験したことのない道ですが、あなたをより輝かせてくれる道です。未知な世界であるだけに、そこが険しいのか否かは先へ進んでみないことには見当もつかない怖さがあります。

日常的にそういった選択ばかり迫られるのが経営者ですが、そこが経営の面白いところです。多くの場合、良いとか悪いとかの問題ではありません。どちらかと言えば、安全主義なのかチャレンジ主義なのか、その偏りを感じながら人間観察するのも面白いものです。

2本のうちどちらかを選ぶという場面が2回あった場合に、その判断の組み合わせは4

通りあります。つまり判断の仕方によって4通りの異なる結果が出ることになります。

では同様に、その判断する場面が10回あったとしたら、どれだけの組み合わせになるでしょうか？　この場合、実に１０２４通りもの組み合わせとなります。ですから、他人と同じ結果になることはあり得ません。

しかも実際の経営判断の場合を考えると、単純な二者択一ではなくて、三者であったり五者であったりしますからなおのことです。

そんな白黒つきかねる事柄に、判断を下していかなければならないのが経営判断です。そんなときに、データや人の話を参考に、理屈脳で合理的な分析をしてから判断を下す人が多いのですが、意外と感性で選んでしまったほうがうまくいくことも多いものです。

理屈ではなく内面からの盛り上がりのほうが周囲を巻き込んで勢いづけますから、冷静に分析した計算ずくより、結果としてうまくいってしまうことも少なくありません。

私は1年後を今と同じ心境、環境で迎えることは絶対に避けたいと思っています。たとえ今が満足できる環境であったとしても、右の道に進むことは、私にとってはあまり楽しいことではありません。多少の苦労はあっても、左の道ならワクワクできそうです。

なりたい自分を明確にする

私たちの周りには、日頃から語っている夢を簡単に実現してしまう人と、失敗ばかりを繰り返して成功には程遠い人とがいます。その差はいったいどこにあるのでしょうか? 生まれながらに備わった能力やDNAの違いでしょうか? それとも何か後天的な要因なのでしょうか?

人は自分が考えた通りの人間になると言われています。考えてもいなかった自分になってしまったなどということは普通ありません。

誰でも「勉強しなさい」「仕事をしなさい」と人から強制されたのでは、本気になってそれに取り組む気になどならないでしょう。自分の意思で価値のある目標を決めることこそモチベーションに繋がるのです。

もちろん、他人の話に影響され、モチベートされる人もいるのですが、そのようになるのも最終的には自分の意思で、自分にとっての価値ある目標を設定しているからなのです。

つまり人がモチベートされるのは、外部の直接的な刺激ではなく、内からわき上がってくるものに影響されているのです。

社員をモチベートしようと、昇給を利用する経営者がいます。給料や作業条件がモチベーションにまったく影響しないとは言いませんが、その影響は長くは続きません。そんなことよりも、達成感や上司からの承認、組織と個人との価値観の共鳴など、心の奥深いところで感じることができるもののほうが、より強くモチベートされていくのです。

そして、考えた通りの自分になるためには、まずは自分自身がどのようになりたいのかをイメージすることがとても大切です。つまり、将来についての具体的な夢を持つことが大切なのです。

しかしその夢について、達成や実現に向けての根拠は、この段階では必要ありません。先に根拠を求めてしまっては、夢そのものを持てなくなってしまうからです。

なりたい自分が明確でないと、潜在意識は何にも反応してくれませんから、できる限り明確なプラスのイメージを持てたら素晴らしいことです。

夢ははかなく消え去っていくものではなく、夢は実現するものなのだと、何の根拠もなく脳天気に信じ込める人でしたら最高です。

感情をコントロールできるようになる

私の今の環境は、すべて私が思い描いていた通りになっています。自分が欲しいと思ったものはすべて手に入れ、身につけたいと思ったものはすべて身につけています。

なんと思い上がった奴だとお思いでしょうが、事実ですから仕方ありません。そういうあなたも絶対に私と同じく、すべて思い通りになっているはずです。

なぜならば、自分の価値観に反する家、自動車、洋服、アクセサリーなどを保有する人はいませんし、価値観が合わない人と結婚する人もいません。本当に納得がいかないのなら、手放しているはずですから。

また、見方を変えれば、今ある私の状態は、間違いなく過去に私自身がしてきた決断の結果とも言えます。良い決断をしたものには良い結果が訪れましたし、悪い決断をしたものはその反対の結果となりました。

そして、どんなときに良い決断ができるのかと言うと、必ず心理状態が良いときなのです。心理状態が良ければ良い決断ができ、悪ければ悪い決断をしてしまうものです。悪い決断をすると悪い結果が招かれ、その悪い結果が悪い心理状態を生み出し、またさらに悪い決断をしてしまう。そんな負のスパイラルに陥ることが最悪の状態ではないでしょうか。

では、どのようなときに良い心理状態になるのでしょうか？　人が生きている中で、理由もなく感情が起こることはありません。私たちの周りで何かが起こるから、その結果として感情が動いているのです。

つまり、起こる出来事をコントロールできたら、感情をコントロールできることになります。偶然を待つことなく、必要なときに求めている感情をつくることができるなら、こんなにいいことはありません。

その意味では、私には感情をリセットできる良い習慣がいくつかあります。自宅では、毎朝父の位牌に向かって心静かに手を合わせること、お風呂で教育勅語を暗誦することです。そして会社では、毎朝のトイレ掃除です。そんないくつかの習慣があるおかげで、嫌な感情に振り回されることは少なくなりました。

専門家の話では、寝る前には理想の自分をイメージするのが良いようです。理想のイメージをすれば良い感情になれます。そのまま眠りにつくのが最高なのだそうです。寝る前に本日の反省会をやるなんていうのは最悪ということになります。

環境は自分の行動で変える

会社の規模、設備、社員数、社員の質、売上高、利益、社長の報酬、社員の給料……あなたは、経営者としてのあなたを取り巻く環境に満足していますか?

満足できていなかったとしても、ご安心ください。満足できている中小企業経営者は少ないものです。経営者が満足するのは、悟ったときか諦めたときです。社員にとっては、社長に悟られても諦められても困った問題です。

私自身も現在の環境に満足していませんが、納得はしています。自分がたどってきた道を振り返ると、どう考えても納得するしかありません。これまで過ごした数十年の集大成が、今現在の環境そのものですから。

したがって、これから先の環境も、何もせずに勝手に変わることはありません。良くも悪くも自分の判断と行動の積み重ねでしか変えられないのです。

環境を変えるべく、自分も楽しみながら困難を乗り越え、変化しようとしている経営者に出会うと、私は嬉しくなってしまいます。

私は社員にもそんな考え方を押しつけますから、変化を嫌う社員にとっては迷惑な話です。しかし、そんなことを気にしていたら会社経営などできません。社員にも納得して共感して同じ方向を目指し、ともに成長してもらうしかありません。

中小企業の経営者にとって、社員は弟妹や子どものようなものです。わが子の成長を願えば口やかましく指導するのはごく当然のことです。社員をただ優しく包み込む懐の広い経営者は一見すると理想のようですが、現実にはそれではうまくいきません。

社員の成長は会社のためにもなりますが、何よりもこれからの社員自身の人生のためなのです。今勤めている会社が10年後にも存在すると誰が保証してくれるでしょうか。どの会社で働こうとも、自立していないことには居場所はないのです。

会社を辞めても身についた習慣や考え方は簡単に変えられません。だからこそ、社員にはどこに行っても通用する人材になってほしいと心から願っています。

道が開けるかどうかは、転職することでも起業することでもありません。それ以前にもっと大切なものを身につけたビジネスマンにのみ、道が開けるのです。

言葉より行動を見せる

以前どこかで聞いた話です。男の人に騙されてばかりいた女性が、ある日を境に騙されなくなったと言います。いったい、どうしたことなのでしょうか？

それは、その女性の男性を見る目が急に肥えたのではありません。男性を判断するときに、何を言うのかではなく、何をするのかを見るようになったからだったのです。

人は口先だけではどのようにでも言えてしまいます。どんなに優しい言葉を並べられても、その人の言っていることには耳を塞いで、とった行動だけを見ていると本来の姿が見えてきます。

その人が何を言うのかではなく、何をするのかを見るようになったら、人との関わりで失敗しなくなる。なるほど、確かにそうかもしれません。

経営コンサルタントがどんな立派な講釈を並べても、自分が実際にやっていなければ何の説得力もありません。その人が経営する会社が、その人の言っている通りに運営されていたとしたら、その通りに成功しているはずです。言っていることとやっていることが違っていたら疑ってみるべきです。

そしてそれは、とかく講釈を並べがちな会計事務所も同じです。並べた講釈通りに会計事務所が運営されているかどうかが大切です。

会計事務所はありがたい職業です。報酬をいただきながら、いい会社、いい社長、いい取り組みに出会えます。そのいい事例をお客様に伝えることで、いい会社創りを支援することは、私たちの大切な使命です。

その意味でも、自分たちができもしないこと、やってもいないことを言うのはあってはならないことです。

「始《はじ》め吾《われ》、人《ひと》に於《お》けるや、其《そ》の言《げん》を聴《き》いてその行《こう》を信《しん》じたり。今吾《いまわれ》、人《ひと》に於《お》けるや、その言《げん》を聴《き》いて其《そ》の行《こう》を観《み》る」（論語、公冶長第五）

――若い頃の自分は、人を評価するに当たって、その人の言葉を聴いただけで、その人の行動を信じた。今の自分は、人を評価するに当たって、その人の言葉を聴いた上で、その人の行動を見ることにしている。

大きな決断は自分だけでする

いつの時代でも、有事に際しては剛腕なリーダーが求められます。いちいちみんなの意見を聞いて合議制で物事を進めていたのでは、急な変化や展開についていけません。

行き当たりばったりの判断では、周囲は右往左往してしまいますから、そこにはリーダーのビジョンや哲学が必要となります。そのビジョンや哲学の大きさや崇高さが、その人のリーダーとしての能力なのです。

そもそもリーダーとは管理する人ではありません。リードする人、つまり導くことのできる人です。それはまさに、中小企業の経営者にもそのまま当てはまります。競争もリスクもトラブルも多い中小企業の経営は、いつでも有事のようなものです。安穏としてなんていられません。

部下の意見を参考にするのは結構ですが、１００人中95人が賛成するような常識的なやり方で、経営はうまくいかないことも心してください。

常識的なやり方で成功するのなら、１００人中95人が成功者になれるはずですが、現実には成功者は数%しかいないのです。つまり、そのわずかな成功者たちは、みんな非常識な人たちだと考えるべきなのです。

小さなことは部下に任せつつも、大きな判断は経営者がワンマンですするのがいいのです。なぜなら、何があっても経営上の責任を負うのは社長ただ一人だからです。

責任を負うことができない者に決定権はないのです。責任ある立場の人間と責任のない人間とでは、考え方にも判断力にも大きな違いがあるのですから。

時に「自分のクビをかけます」なんて言ってくる勇気ある社員もいるかもしれませんが、会社を辞めることと責任を取ることとはまったく別の話なのです。企業経営において責任を取るということは、経済的に償いをすることです。つまり、金銭的に責任が取れるかどうかなのです。経済的な責任を取れない人に決定権を与えることはできません。

こんな厳しい時代だからこそ、経営者は多少の異論は振り払ってでも自らが決断し、引っ張っていくものだと覚悟を決めて経営に当たることが大切なのです。

「リーダーシップとは別の未来を感じさせる能力だ」と言うのは、経営コンサルタントの遠藤晃氏です。ただ厳しいだけでなく、この人について行ったらいい予感がすると思われるような経営者になりたいものです。

社長が変われば会社が変わる

大石会計事務所は「やり方」とともに「あり方」も重視したいと考えている事務所です。どこでもそうですよね。

開業して25年になりますが、はじめの15年は普通の会計事務所をしていました。10年ほど前、お客様の模範となれるような中小企業を目指そうと、より「会社のあり方」を意識した経営に舵を切りました。

それまでは普通の会計事務所をやっていたので、一部の社員、特にベテラン社員は変化にうまく対応できませんでした。中には方向性が合わないと不平を言う者も出てきました。

それから2～3年した頃、イエローハットの鍵山秀三郎さんの『掃除道』（ＰＨＰ研究所）という本にたまたま出会い、私は事務所のトイレ掃除をすることにしました。

特に何か変化を期待していたわけでもなかったですし、いつまで続くのか自信もなかったので、家族にも社員にも黙って始めたのです。

そもそも中高校生の頃の掃除では、いつもサボってばかりのいい加減野郎の私がトイレ掃除ですから、自分でも笑ってしまいます。ちなみに、家内は中高の同級生なので、〝サボりの大石〟のことはよく知っていて、今のトイレ掃除は当時の罰だと言っております。

亀の子だわしを素手で握り締め、ゴシゴシやるのです。当たり前ですが、ワクワクする作業ではありません。便器の裏にこびりついた汚れを落とすのに何日もかかりました。恥ずかしながら、そんなに汚れていたことも、それまで社員任せだったので気づきもしませんでした。

社員は日頃からつらい仕事、嫌な仕事もしています。しかし私に指図する者は誰もいません。勤務時代の気持ちをすっかり忘れていることも思い出しました。

社員の反応は何も期待していませんでしたが、それにしても1週間しても2週間しても誰も何も言ってきません。無視ですね。

「また大石が面倒なことを始めた」「何か申し出たら、自分が掃除を代わらなければならない」……。たぶん社員もいろいろ考えていたのだと思います。

1ヵ月ほど経ったとき、いつものようにトイレ掃除をしていると、T君が飛び込んできて、「だ、代表、何をしているんですか!?　私がやります」と言ってきたのです。これが社員からの最初の反応でした。

T君は、私のトイレ掃除に1ヵ月間気づかなかった少し間抜けな社員です。T君の反応は嬉しかったのですが、私もトイレ掃除が楽しくなっていたので、「ここは私がやるから」と、彼の申し出を断りました。

それから2〜3ヵ月した朝、トイレ掃除を終わって出てくると、数人の男性社員が街にゴミ拾いに出て行くではないですか。聞くと、彼らは週に一度ゴミ拾いをすることにしたと言うのです。

大石がトイレ掃除をするなら、自分たちも何か他人の役に立つことがしたいということで始めたらしいのです。これが今も続いている毎週水曜日の駅前清掃の始まりです。

しかもその奉仕活動の打ち合わせは、居酒屋でお酒を飲みながらやったのです。普通は会社や上司の悪口が酒の肴にされるのに、奇特な社員たちです。

彼らの取り組みに感動した私は、翌週から私自身もゴミ拾いの仲間に入れてもらいました。参加者は次第に増えていくのですが、一方でベテラン社員は見て見ぬふりで参加しません。結局、ベテラン社員が事務所を去っていくきっかけになったのも、この活動かもしれません。

今思えば、大石会計事務所の飛躍の原点は、このゴミ拾いだったように思います。ここから社員発信の取り組みが徐々に始まったのです。

第2回会計事務所甲子園で準優勝できたのも、大石会計の会計事務所っぽくない活動に勢いがついたのも、原点はこのゴミ拾いだったと断言できます。

私が学んだことは、他人はコントロールできないということです。結局、自分が変わることでしか周囲を変えることはできないと実感しています。

社長が変われば会社が変わる
会社が変われば社員が変わる
社員が変われば家庭が変わる
家庭が変われば子どもが変わる
子どもが変われば社会が変わる

社員が変わっても会社は変わらないのです。会社を変えたいのなら、社長が変わるしかありません。

未来のために現在のバランスを壊す

企業は成長しなければいけないと言われます。どうして成長する必要があるのでしょうか？　成長することは目的なのか？　それとも手段なのか？　現状維持ではいけないのでしょうか？

企業にとって大切なことは、変わり続けることです。その企業に合った変化の形態が成長であったなら結構なことです。大きくなることは目的ではないのです。それぞれの企業や経営者には、身の丈に合った規模というものがあるはずです。

現状維持は後退と言いますが、何も変わっていない現状維持が後退なのです。変わり続けた結果、規模や収益が現状のままでしたら、その現状維持には意味があります。

今、日本には2万社を超える100年企業があります。その100年企業の6割が10人未満の小さな会社です。普通でしたら100年も成長を続けた企業の社員数が10人ということはありません。成長してこなかったから10人なのです。

しかし成長しなかったことは問題ではありません。100年にわたって事業を続けてきた事実にこそ大きな意味があります。これこそが普通の中小企業が目指すところではないでしょうか。

成長してこなかった小さな100年企業は、100年間同じモノを同じ顧客に提供してきたわけではありません。提供するモノも対象顧客も、その時々の環境に合わせて変わってきたはずです。変わり続けたからこそ生き残れたのです。

企業経営における鉄則の一つに、「小さなリスクは恐れるな。大きなリスクは取るな」という言葉があります。大きなリスクを取らないためにも、日頃から小さなリスクに挑んでいかなければいけません。そして、その小さなリスクへの挑戦こそが企業における変化なのです。

バランスの取れた未来を目指すためにも、経営者には現在のバランスを壊してほしいものです。変化は混乱でもあるのです。

社員は自ら進んで変化などしません。変化の先に素晴らしい未来が待っているとわかっていても、変化を避けてしまうのが社員なのです。その現状に風穴を開けることができるのは、経営者しかいないのです。

いい社長になる

皆様は、良い会社と聞いてどんな会社を思い浮かべますか？ 売上が大きい、利益が大きい、成長している、社員数が多い、給料がいい、休みが多い……、どれもあったらいいですね。

私は何となくですが、「良い会社」と「いい会社」とを使い分けています。「良い会社」は高収益企業、「いい会社」は社員をはじめとして会社を取り巻く多くの人たちにとってのいい会社、といった使い方です。

それはともかく、経営者になったからには優良な会社をつくりたいのは当然です。しかし、ただ儲かるだけでは自慢にもなりません。そこに関わる人たちが幸せに感じられる会社がいいですね。

顧客満足は大切ですが、顧客満足のために社員が不幸になっては困りますし、顧客満足のために地域社会を犠牲にするのもあり得ません。社員がある一定程度満たされていなくて、あるいは地域社会に受け入れられていないというのでは、いい会社とは言えません。

会社に瞬間的に大きな利益を計上するだけでしたら、いろんなやり方があると思います。しかし、会社の良い状態を長持ちさせようと思うのでしたら、やり方だけでは足りません。これは私も心しておかないといけないところなのですが、良い状態を長持ちさせるには、まず社長がいい人でなくてはなりません。もっとも、いい人であることが何より優先されるわけではありません。いい人が経営する会社が全部うまくいくのではなく、長持ちしている会社の社長がいい人なのです。

もちろん責任ある社長ですから厳しさは必要ですが、最後にはいい人でなければなりません。いい人の周りにはいい人が集まります。社員が大切にされていない、安心できない、そんな感情のもとで、どうしてお客様に満足のいくサービスが提供できるでしょうか。

社長の人生観は企業文化となって表れます。社員だけでなく地域にも受け入れられる、そんないい企業文化の会社こそ、良い状態が長持ちするのではないでしょうか。いい文化をつくっていきたいものです。

「道徳なき経済は犯罪であり、経済なき道徳は寝言である」（二宮尊徳）

第2章

社員に危機感が足りない……

社長はどう指導すべきか？

社員は社長の鏡であると知る

電車の中や街中で、振る舞いのあまり良くない子どもを見かけることがあります。子どものやることですから可愛くもありますが、正直少し迷惑に思うこともあります。

これは幼稚園や学校教育の影響なのでしょうか？　そんな訳ありませんよね。挨拶ができないのも、マナーが悪いのも、家庭の躾が悪いからに決まっています。

よく「子は親の鏡」と言います。子どもを見たらおおよそ親の程度がわかるというものです。私たちの性格や考え方、そして能力でさえも、ＤＮＡなどではなく、成長の過程で身につくものですから、多くは両親の考え方や家庭内の会話に影響されているのです。

これと同じように、中小企業においては「社員は社長の鏡」とも言えます。社員は社長のことを好きであるか嫌いであるのかは別としても、必ず社長の影響を受けています。これは子どもが親の影響を受けるのと同じことです。

お客様応対の素晴らしい社員も、ミスやトラブルの多い社員も、社長の考え方や社内でのコミュニケーションが少なからず影響しています。そしてこれらは最後には業績となって表れますから、会社の決算書は社長の人格そのものと言っても過言ではありません。

トラブルに関しては、それが多い会社はいつもその始末に追われ、一方で少ない会社は、ただひたすら質の高いサービスの提供に専念することができます。

サービスのトラブル、品質のトラブル、設備のトラブル、お客様とのトラブル、社員同士のトラブル、退職時のトラブル、社員の個人的トラブル……などなど、いろんな症状がありますから、原因も別々のところにあるかのように思えますが、これもその根本的原因は社員にあるのではないのです。

人は環境で育ちますから、子育てには家庭環境が、社員教育には職場環境が与える影響が一番大きいのです。

親や社長の行いが正しければ、子や社員の行いも正しいものになります。反対に、家庭や会社が乱れたときには、親や経営者に問題があることが多いのです。

親の人生観が子を通して表れるように、社長の人生観が社員を通じて症状となって表れると思うと、親であり経営者でもある私自身も自らを省みないではいられません。

社員の同質化を進める

「人を大切にする経営」――これは多くの優良企業が大切にしていることです。大石会計事務所もそのようにありたいと思っているテーマの一つですから、経営理念の一つにうたっております。

人を大切にする経営と言いますと、優しく、居心地のいい環境をつくるということと勘違いされてしまいそうなのですが、そんな必要はまったくありません。

社員の目覚ましい成長を願うのでしたら、優しく包み込むような接し方をしているだけではいけません。社員が一定水準の金太郎飴のような人たちばかりでしたら、それもありかもしれませんが、実際にはそんなことはあり得ません。

皆様がお子さんを育てるときと同じように、褒めるだけではなく、時には大声で怒鳴ったりするのもいいと思います。甲子園を目指している野球部の監督が、大声を上げるのも同じです。

なのに、理性的な人たちは、大人の集団である会社では大声を上げたり、怒鳴ったり、叱ったりしないのがいい会社なのだと思いがちです。どんな会社でも、素直ないい人だけが集まってきているわけではありませんし、はじめから全員が同じ方向を向いているというものでもありません。

大企業でも、ビジョナリーカンパニーと言われる超優良企業は、優しさではなく、自由奔放を許すことでもなく、むしろまったく逆で、自社の性格、存在意義、達成すべきことをはっきりさせています。そのため、自社の厳しい基準に合わない社員や、合わせようとしない社員は辞めていくしかなくなるのです。

反対に、企業の考え方を心から信じて献身的になれるのであれば、本当に気持ち良く働けるし、幸せを感じることができるのです。

最高の中の最高と言われるビジョナリーカンパニーには、そんなことを裏づける次のような社史などへの記載や経営幹部のコメントがあります。

●IBM

「当社はビジネスがどういうものかについて、はっきりした考え方を持っている。当社で働くようになれば、顧客にどう対すべきかを教える。顧客とサービスについての考え方が当社と違うのであれば、当社から離れる方がいい。その時期は早いほどいい」

●プロクター&ギャンブル

「P&Gに入社するには、激しい競争を勝ち抜かなければならない。……入社すると、会社に入ったというより、伝統ある機関に入ったという印象を持つだろう。（中略）P&G流の考え方、やり方があり、それを使いこなせるようになるか、少なくともそれに抵抗感を持たなくならないかぎり、楽しく働くことはできず、まして、成功することはない」

●ノードストローム

「プレッシャーに耐えられない人、猛烈な仕事に耐えられない人、会社のシステムや価値を信じられない人は辞めていきます。しかし、やる気があり、自主性があり、そして何よりも、成績をあげ、顧客に奉仕する能力があれば、うまくいくでしょう。大切なことは、ノードストロームが合っているかどうかです。合っていなければ、会社を憎むようになり、みじめな思いをし、辞めていくことになります」

※参考：『ビジョナリーカンパニー』（ジェームズ・C・コリンズ／ジェリー・I・ポラス著　山岡洋一訳　日経BP出版センター）

承認を見える化する

目標を設定しただけで、部下に対して具体的なやり方を何一つ指示しないでいると、実績はなかなか出せないものです。教えた仕事を部下がきちんとやっているのか、チェックするのはリーダーの大事な仕事の一つです。

部下が望ましい行動をできない場合には、理由は二つしかありません。

①やり方がわかっていない
②やり方はわかっているが継続できない

やり方がわかっていない人には、やり方を教えなくてはいけません。つまり会社にとって、いい行動とは何なのかを具体的に示してあげるのです。

また、やり方がわかっていたとしても、それをやり続けないことには意味がありません。社員の自主性に任せておいたら、たとえ良いことでもやり続けることができない人のほうが圧倒的に多いものです。習慣になり、文化になるまでやり続けることができたら素晴らしいことなのですが……。

そのためにも、いい行動に対してはすぐに褒めたり賞賛したりする仕組みが必要ではないでしょうか。望ましい行動をする都度、承認することをシステム化したいものです。行動したことを承認された社員は、再び認められようと同じ行動を繰り返すのです。

この承認する仕組みを、誰が見てもわかるように壁に張り出す、ポイント化するなど「見える化」できたらさらにいいことです。

多くの会社では、社員の評価は年に数回しかない賞与や昇給のときに行われます。しかし、それではプラスの評価をされた社員は、どこをどのように評価されたのかわかりません。数ヵ月も経ってからの評価では、どの行動を承認されたのかがわからないのです。

一方、マイナスの評価をされた社員にしても、マイナスの行動をしたこと、あるいはプラスの行動をしなかったことに対しての評価なのだと、後になって言われても改善のしようもありません。そのダメだった行動は、その都度指摘してくれとなるでしょう。

行動の積み重ねが結果になるのですから、いい行動を習慣化できたら素晴らしい結果が生まれるに違いありません。

反対に、良くない結果を変えるには、行動を変えるしかありません。

つまり承認するにしても、月間表彰やキャンペーン表彰では遅すぎるということです。社員が望ましい行動をしたら、その直後にそれを認めてあげることで、その行動は強化され、定着していくのではないでしょうか。

社員を動物に例えたら悪いのですが、動物に芸を覚えさせる一番の方法は、うまくできたときにはすぐその場で餌を与えることなのです。1日分まとめて後で餌をあげたのでは、うまく仕込むことはできません。

これは人の場合も同じではないでしょうか。良い結果を出したときや良い行動を取ったときには、すぐに褒めてあげるのです。

頭で考えてやっているうちは習慣ではありません。無意識に行動となって出てしまうことが習慣ですから、何度も何度も繰り返しその都度褒めてあげることで、それが習慣となって身についていくのです。そして、その習慣は能力そのものになります。

最初のペンギンを評価する

社員を評価するときに、結果を評価する方法と、行動を評価する方法があります。あなたでしたら、そのどちらの方法を採用するでしょうか？

成果主義なら結果に対する評価の比重が高くなるのですが、それでは一部の勝ち組の人だけが楽しい思いをすることになります。

一方、行動に対する評価の場合には、自ら行動を起こすことを評価されるのですから、誰もが楽しい思いをすることができます。

力強さだけでなく、優しさや誠実さを持った企業文化をつくろうと思うのでしたら、行動を評価するのがいいかなと思います。

企業経営では結果を求められるのは当然ですが、いつでも誰でも結果を出せるとは限りません。むしろ、結果を出せなくてもチャレンジし続ける人のほうが、社内にいい影響を及ぼすものです。

しかし、これは結果を出せないことを是としているのではありません。結果を出すことなく定年まで頑張り続ける社員では会社も困ってしまいます。そんなに長い間頑張り続けて結果が出ないということはあり得ませんから、それはやり方が間違っているのではなく、その行動に本気さが足りないと言えます。

私が特に評価する行動は、まだ誰もやったことのないものにチャレンジすることです。いわゆる「最初のペンギン」というやつです。勇気を出して新しい一歩を踏み出すことは、誰にでもできることではありませんから。

南極のペンギンは、餌を求めて天敵のトドやセイウチがいる海に飛び込まなくてはなりません。そこで、最初に1羽のペンギンが飛び込んで安全を確認した後、他のペンギンも飛び込むのです。

英語圏では、そんな最初に飛び込む勇気あるペンギンに例えて、勇猛果敢にチャレンジする人のことを「First Penguin」と呼んで称えています。

他人がやって安全が確かめられたことだけをやるのではなくて、自らが最初のペンギンになって道を切り開く。そんな人にこそ、最後に天使は微笑むのです。

社員が辞めない会社にする

あなたの会社の社員の勤続年数は、他の会社に比べて長いのか短いのか気にはなりませんか？　過去数年間に採用した社員のうち、今現在残っている社員の割合はいかがでしょうか？　中小企業の離職率は大企業に比べたら驚くほど高いものになっています。左の数値は中小企業に就職した人のうち、３年以内に辞めてしまう人の割合です。

	男性	女性
首都圏	73%	75%
関西圏	58%	59%

※『幹部に年収１０００万円を払う会社になろう』（北見昌朗著　ＰＨＰ研究所）より

あなたはこのデータを見てどのように感じましたか？　このデータでは、首都圏で採用された新入社員４人のうち３人は3年以内に辞めているのです。

この高い離職率の原因はいったい何なのでしょうか。この頃の若者はこらえ性がないのは事実です。中小企業に優秀な人材が少ないのも確かです。しかしこれを、社員にばかり問題があると片づけていいものでしょうか。この中小企業の実態を見て、「だから中小企業から抜け出せないでいるのだな」と私は思ってしまいました。

私は勤続年数と会社の良し悪しとの相関関係について調べたことはありませんが、まったく関係がないとは思えません。勤続年数の長い会社のほうが一般にいい会社が多い気がします。

これは、私自身も心しておかないといけませんが、自分のことしか考えないような尊敬できない社長のもとには、素晴らしい人材は集まらずに、良い人材から去っていきます。結果として、問題のある社員で濃縮されがちです。「おかしな社長のもとに素晴らしい人材が集まることはない」と言っても言いすぎではありません。

社員の中途退職は、経営者のビジョンと成熟した人間力でかなり防ぐことができるはずです。経営者のビジョンと人間力は求心力を生み、モチベートされた社員は簡単に辞めることはありません。お客様にサービスを提供する最前線の社員がモチベートされると、お客様の満足度も高まりますから、会社の業績が伸びるのは必然ではないでしょうか。

未来に期待が持てる会社にする

私たちは自分と違う考え方に出会うと、しばしば混乱して心の中で抵抗してしまいます。一方で、混乱は新しい気づきや変化のきっかけにもなります。つまり、混乱から成長が生まれることも多いのです。

それは会社が大きな変貌を遂げようとするときも同じです。もちろん、何の混乱もなく会社を大きく変化させることができたなら、それが一番いいのですが、現実には少し難しいようです。むしろ混乱なき成長あらずと言ったほうがいいかもしれません。

ですから成長期にある会社は、外部から見た華やかさとは裏腹に、内部は案外穏やかではありません。しかし混乱そのものが悪いわけではないので、前向きな混乱までも後退と勘違いしないことです。

現状に満足した人は、その居心地の良さに新たな挑戦を避けるようになります。変化には多かれ少なかれリスクはつきものですし、あえてリスクを冒してまでチャレンジする必要性を感じなくなるのでしょう。

また若い社員、特に20代の人たちは、何事にも積極的に挑戦してほしいものです。若い人ほど失敗しても失うものは少ないのですから、躊躇せずに挑戦することです。たとえ失敗しても、その失敗こそが貴重な経験、財産となるのです。

挑戦することでリスクが生まれるのではありません。むしろ挑戦することなく年齢を重ねていくほうが、よほどリスキーな人生になってしまう可能性が高いのです。

その先に待っているのは、他人を頼って生きる人生でしかありません。他人に振り回され続ける人生なのです。

変化した後には、心地良さが訪れると期待できる会社がいいですね。信じられなくなると、誰でもつらくなってしまいますから。社員は、未来に期待が持てている間は、現状が多少つらいと感じていても耐えてくれるものなのです。

社員が辞めてしまうのは、今現在の業績や待遇が悪いからではありません。たとえ現時点で満たされていなくても、将来に期待が持てたなら頑張って耐えてくれるのです。

それを解決するために、とても有効に機能する道具が一つだけあります。前にも言いましたが、社長自身がつくった「経営計画書」です。経営計画の中味は社長の方針と夢であるとともに、社員にとっては自分たちの将来でもあるのです。

社員満足を追求する

人、モノ、金、情報など、経営資源が乏しい中小企業がより多くの収益を生み出すためには、生産性を向上させることが必要です。規模の利益（スケールメリット）を享受できないのですから、中身の濃さを目指さなくてはならないのが中小企業なのです。

では、生産性を高める最大の決め手が何かと言えば、社員の自主性が大きな要素であることは間違いありません。社員が会社や上司から一方的に押しつけられた仕事をしているうちは、創造性の高い仕事は期待できないものです。

では、どんなときに社員の自主性が発揮されるのかと言うと、社員がその仕事にやりがいを感じているときです。そして仕事にやりがいを感じるのは、何と言っても顧客満足の創造に関わることができたときではないでしょうか。つまり、お客様からの「ありがとう」という一言だけで、社員はやりがいを持ててしまうものなのです。

しかし、会社がこれと反対のことをやっていたとしたらどうでしょうか？　社員に今やっている仕事の目的を理解させずに、会社が決めたことを単純に押しつけ、さらには徹底した行動管理で効率を追求する。これでは一時的に収益改善できたとしても、長続きさせることは難しいでしょう。

社員満足度が低い会社の社員が、お客様に満足していただけるような質の高い商品やサービスを提供することはできません。したがって、顧客満足を考えれば考えるほど、社員満足を避けて通ることはできなくなるのです。

そしてその社員満足のためには、人事評価や職場環境、福利厚生も大切なのですが、何より組織の方向性、価値観の共有、お客様や仲間たちとのコミュニケーションといったことが不可欠な要因になってくるのです。

給料が安いとか仕事がつらいとか、そんな理由で有能な社員が辞めていくことはありません。経営者が社内でビジョンを語り、夢が共有され、上司や同僚とのコミュニケーションがうまくいっていれば、多少の不平など消え去ってしまうものなのです。

社員にとっての最高の満足は、やりがいです。誰でも価値ある存在になりたいと思っているのです。そのための環境を整えてやることは、経営者に課された大きなテーマの一つではないでしょうか。

はじめの印象を上げていく

　ある歯科医院での患者さんへのアンケートでは、はじめに抱いた印象が後々まで影響するという結果が出たそうです。

　予約電話応対、駐車スペース、受付窓口応対、待合室の雰囲気、待ち時間などについて、はじめにいいイメージを持った人は治療そのものにも納得し、反対に、はじめに良くないイメージを持った人は治療そのものまでも不満に思ってしまう傾向にあったそうです。

　それはレストランで言うと、料理が運ばれてくる前に勝負はほぼ決まってしまうということなのです。

　モノやサービスが提供される前におおよその勝負が決まっているのだとしたら、こだわるべきところが少し違ってくるのではないでしょうか。

　基本業務の質を上げていくことは大切ですが、成熟した業界においては、お客様は基本業務以外のところで心を動かされることが多いのです。

　自動車には人や物を運ぶこと、携帯電話には屋外で通話ができること、レストランではお腹を満たすこと、これらの基本価値だけを望んでいるお客様はいません。成熟するほどに基本価値以外のところで差別化が図られるのです。

お客様は多少の製品不具合でしたら許してくれますが、応対の悪さについては決して許してはくれません。態度の良くない末端の店員など最悪です。スペックやデザインに大きな違いがないのであれば、サービスの差によってどこから買うのかを決めてしまうのです。では、どのようにサービスに差をつけたらいいのでしょうか?

大石会計では小さな違いにこだわっています。電話は1コールで取る、ウェルカムボードに名前を書く、お客様を玄関先まで出迎える・見送る、雨の日には乾いたタオルを差し出す、コートやジャケットをお預かりする、ドリンクはメニューからお選びいただくといった、小さな違いをたくさんつくることで、「この会社はよそとは違う」と感じていただけるように工夫しています。

もちろん、同じようにサービスを受けても、満足される方とされない方とがいます。満足や納得というものは主観の問題ですから、長さや重さのように客観的な測定方法はありません。それだけに、サービスの提供者はお客様の満足の度合いを、自分にとって甘く解釈しがちですから注意が必要なのです。

幹部には同じ方向性の社員を登用する

あなたには右腕と呼べるような部下がいますか？　いてくれるといいのですが、真の右腕と呼べるような人材は本当に少ないものです。

大石会計の顧問先企業を見渡しても、序列上のナンバー2はいても、社長と価値観を共有でき、かつ能力がある、本当の意味での右腕がいる会社は2～3％といったところです。

右腕と言うと、私の中では社長と一心同体のイメージがあります。中小企業の場合、身内を除けば社長と一心同体と言えるような関係の幹部社員は滅多にいません。ですから、私は社内ナンバー2であるというだけで右腕と表現することはしません。

多くの方には意外かもしれませんが、男性社長のもとで社内のナンバー2が女性であるという会社は少なくありません。そして、そんな女性幹部を登用している会社の多くは業績もなかなか好調のようです。もちろんこの場合の女性は、社長の奥様でもなければ、関係が訳ありの女性でもありません。

以前、ナンバー2に女性を擁している社長にその理由を伺ったことがあります。その社長の答えは意外なもので、「女性は裏切らないから」とのことでした。そう言われると、確かに私もこれまでの人生で女性に裏切られたことは一度もありません。「なるほど」となぜか妙に納得したものです。

女性は一見ソフトのようですが、つまらない駆け引きもせずに単刀直入に用件を伝えるため、男性よりも仕切り上手なのかもしれません。

中小企業の少ない人的資源を有効に活用するためにも、幹部の登用には積極的に女性を考慮してみるのはいかがでしょうか? 灯台下暗し、眠っている人材がすぐ近くにいる可能性もあります。

そして何より大切なのは、幹部が男性、女性どちらであってもいいのですが、少なくとも幹部に登用する人は社長と同じ方向を向いているということです。

では、すでに登用した幹部の中に、社長と向いている方向が違う人がいるとしたらどうするのでしょうか?

その場合は、何も考えることなく即刻降格させることをお勧めします。幹部社員が社長と方向性が違うということは、絶対にあってはいけないのです。

ミニ社長を育てる

会社が成長し、年商が数億円前後になると、社長がどれだけ現場に出ているかなどということは、会社にとってあまり意味のないことになります。自らが現場に出ることで、若手社員に働くことの大切さを伝えるという意味はあるかもしれませんが、それだけのことです。

社内で任せられることは、すべて部下に任せてしまうのがいいのです。その上で、さらにその先を目指すには、社長であるあなたの代わりになる人、つまりミニ社長を社内で育てることが次の課題になります。

どの会社でも、創業当時は社員にとって社長は身近な存在です。移動中や食事中などに、社長から経営観や会社の未来について直接話を聞くことができます。

それも社員が10人、20人と増えてくると、どうしても社員と社長の距離感は増してしまいます。

年商5億円を超えて10億円を目指そうというのでしたら、商品力はもちろん、社長を中心とした社内の一体感がとても重要になります。そのために、社長の持つ考え方や方向性を社内に伝播する人が必要になるのです。

つまり、社長の考え方を社長に代わって熱く語れる人が、各部門のリーダーになるのがいいのです。そのためにリーダーに求められる最も大切なことは、社長の考えていることを理解し、実践しようとする基本姿勢があることです。

ただし、これは決して社長のイエスマンをつくれというものではありません。リーダーは社長に対して疑問や意見をぶつけてもいいのです。

社長も神様ではありませんから、間違うことも判断ミスをすることも当然のようにあるのです。時に社長に直接意見できるような人でないと、社長にとっても頼りになりません。

ただし、一旦部下の前に立ったリーダーは、部下に対しては社長の考え方を語れなくてはなりません。仕事ができるだけでリーダーとなることはありませんし、ましてや部下を管理することがリーダーの仕事ではないのです。

リーダーに最も求められることは、社長の代弁者となることなのです。

厳しい上司こそ人を育てる

部下の指導に当たる上司には大きく二つのタイプがあります。それは優しく振る舞う上司と厳しく振る舞う上司です。好きとか嫌いとかは別にして、どちらがいい上司と言えるでしょうか？

母親のように優しく部下に接する上司。部下の意見を聞き、若い人たちがやりやすいように気遣いし、多少のミスがあっても責めたりいじめたりせず、どこまでも守ってくれる。そんな上司だったら誰からも慕われるものです。

しかし、この上司のもとで部下は強い意志を持ってしっかり成長できるでしょうか？私でしたら、愛されすぎて人生を誤ってしまいそうです。

もう一つのタイプは、父親のように厳しく部下を指導する上司です。部下に何かの欠点やミスがあれば、鬼の首を取ったかのように怒鳴りつけて責め立てる。部下は一瞬の油断もできずに緊張感を持って仕事に取り組みます。

進んでこんな上司のもとで働きたいと思う人は少ないものですが、厳しい上司のもとで鍛えられた部下は早く一人前になれます。

褒めて育てると言います。しかし現実はそんなにうまくいかないことも多いのです。部下は望まないと思いますが、感謝すべきは優しい上司より厳しい上司です。少なくとも、厳しさをまったく感じさせない、ただ優しいだけの上司は部下のためにはなりません。単なるバカ親と一緒です。

私自身過去を振り返ると、意地悪で嫌な上司や先輩には「なにクソッ！」と腹も立てたりしました。しかし今になると、そんな上司や先輩の存在があったからこそ、今の自分がいるのだとありがたく思えます。人はあまりにいい環境下では独立心が失せてしまいます。

「子《し》は温《おん》にして厲《はげ》し、威《い》ありて猛《たけ》からず、恭《うやうや》しくして安《やす》し」（論語：述而第七）

――温かさの中に厳しさがあり、威厳がありながら圧迫感がなく、謙虚でありながらおどおどした感じを与えない。

こんな上司が理想なのでしょう。凡人にはなかなかできることではありませんが……。

サンクスカードで風通しを良くする

大石会計では、10年ほど前からサンクスカードで社員同士の「ありがとう」のメッセージをやり取りしています。

サンクスカードは「ありがとう」の気持ちを、言葉だけではなくてカードに託して相手に渡すものです。

今、大石会計の周りでサンクスカードを採用している会社はいい会社ばかりです。こんなことを真面目にやる会社の文化は素敵です。

しかし、私どもでサンクスカードを始めた当初は、なかなか定着しませんでした。悩んでいたとき、伺ったある会社の壁に貼られたサンクスカードを見てショックを覚えました。社員同士でやり取りするサンクスカードは、あくまで個人的なものですから、それを公開してしまうということが意外でした。

それまでは、もらったカードは机の中に入れたままでしたから、誰がどれだけもらって、またどれだけ渡しているのかはわからないままでした。

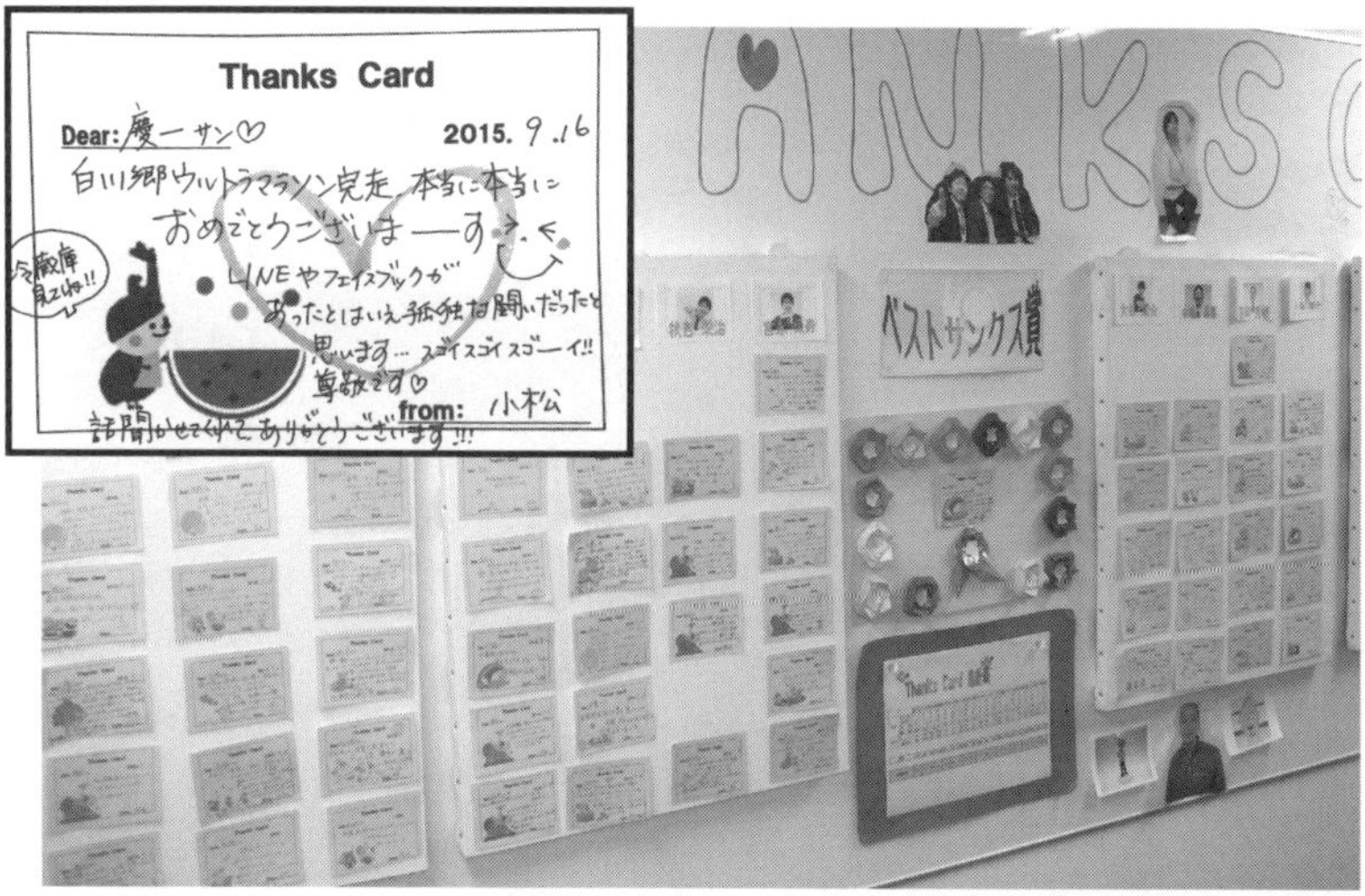

サンクスカード

他社の活動でも、いいと思ったものは素直にパクらせてもらうのがわが事務所の主義ですから、早速サンクスカードを壁に貼り出してみました。しかも、社員だけではなくお客様にも見ていただけるように、事務所入口の一番目立つところに貼ってみました。

良い行動の強化・定着のためには、その行動に対して見える化を図り、社内で承認されることが効果的です。

このサンクスカードの見える化によって、社員同士がどんな行為で喜び、喜ばれているのかをお互いに知り、そしてそれは自分に足りない何かに気づくことにも繋がりました。

さらに毎月投票で選んだベストサンクス賞を表彰し、年間トータルで一番書いた人、一番もらった人も表彰します。

ところで、私どもが顧問先を訪問していると、社内の人間関係でご苦労なさっている会社がずいぶんあることを感じます。若干の仲良しグループならともかく、いがみ合ったり、素直になれない派閥や人間関係は、組織力を弱めてしまいますから、放っておくわけにはいきません。

そのような会社にこそ、サンクスカードをお勧めします。口頭では伝えられないことも、紙に書いてなら伝えやすいものです。はじめは少しだけ照れますが、帰りがけにそっと渡すか、デスクマットにはさんでおくだけでいいのです。

家族間でのやり取りに使うのもいいかもしれません。夫婦や親子の間では、感謝の気持ちをなかなか口では言えないものです。中小企業では社内に家族社員がいるケースが多く、親族間でギクシャクすることも少なくありません。

そんなときにもサンクスカードがあれば、風通しも少しは良くなります。サンクスカードは小さな組織ほど効果が高い気がします。わが社の空気を良くしたいと思われる方は、ぜひ試してみてはいかがでしょうか。

朝礼で会社の方向性を確かめ合う

皆様の会社ではどんな朝礼が行われていますか? 中小零細企業では朝礼なんてやっていないところもたくさんありますし、やっていても事務報告や業務確認の場となっている場合が多いのではないでしょうか。

朝礼は全員が揃う場ですから、社内の確認はもちろん大切です。しかし、確認と言っても、今日やるべきことの確認ではなく、会社の方向性や大切にしていることを確かめ合うことのほうがより大事です。

経営者の価値観が会社の文化となるのですから、経営者はいつも自らの考えを語るのがいいのです。その語る場の一つが朝礼です。朝礼だけではなく、会議やミーティングも会社の方向性を確認する場となります。

社長が語らずに社員に任せておいて、勝手にいい会社になるなんてことはあり得ないので、口を酸っぱく語り続けるのがいいのです。

大石会計の朝礼は少し変わっています。挨拶訓練や経営理念の唱和はもちろんですが、毎日次のようなことをやっています。朝礼は1日のスタートであるとともに、朝の貴重な時間です。常に目線を高く、元気に前向きになれるような朝礼にしたいと考えて取り組んでいます。

●大石会計事務所「朝礼メニュー」

・身だしなみチェック……他人の目で360度の身だしなみのチェックです。
・ハッピー体操…………全身を使ってのハッピーになれる体操です。
・連絡事項………………最低限の事務連絡です。
・お褒めの言葉…………社外の方から会社または社員が褒められたことを共有します。
・本日の来客予定………お客様を気持ち良くお迎えするための情報共有です。
・ラチェットチェック…いい行動を習慣化するために誓った小さな約束事のチェックです。ラチェットとは元に戻らない仕組みです。
・2分間スピーチ………クレドについてのスピーチです。経営理念やゴールドスタンダードを絵に描いた餅にしないためです。
・ハッピースピーチ24…司会者の「発表したい人」のかけ声に全員が挙手します。指名された人が24時間以内にあったいい出来事を披露します。

・ほめほめタイム………クジで当たった社員のいいところをみんなで徹底的に褒めます。
・教育勅語暗誦…………クジで当たった人が教育勅語を暗誦します。
・行動四原則唱和………一、大きな声で　二、きびきび行動　三、自分から挨拶　四、明るい笑顔
・挨拶訓練
・日本一宣言……………スマイル日本一、行動力日本一……などなど、各人がなりたい自分、ありたい自分を宣言します。
・ミッション唱和
・経営理念唱和

この朝礼には30分前後かけています。たかが会計事務所の朝礼ですが、見学に来てくださる方も結構いらっしゃいます。

大石会計事務所の朝礼

お褒めの言葉を発表する

買うつもりはなかったのに買ってしまった。一つ買う予定だったが二つ買ってしまった。思わず人に伝えたくなった。こんな経験は誰にでもあるのではないでしょうか。

ある調査によると、私たちがモノやサービスをリピートしてしまう理由の多くは、「接したスタッフが気持ち良かったから」だそうです。

各スタッフの感じの良さは、持って生まれたパーソナリティも多少はありますが、育った社内環境のほうがより大きく影響するものです。

会社は、社員採用時には自社の文化に合った人を採用するでしょうし、採用後は自社の価値観に合う社員になってもらうべく教育をしますから、長い間には会社の文化に同化した社員が多くなります。

中小企業の文化は経営者の人生観の表れですから、経営者がどのように考えているかがとても大事です。経営者が商品力や技術力と同じくらい社員の接遇や空気感を大切にしたら、その雰囲気は必ずお客様にも伝わるはずです。

反対に、そこに価値を置かない経営者のもとでは、お愛想の一つも言えないような社員がお客様応対をするのですから、両者の差は明らかです。

前述のように、多くの方にご参加いただいている大石会計の元気の出る朝礼では、前日に外部の方からいただいた「お褒めの言葉」を発表することにしています。

誰のどのような行動が喜ばれているのか、どれだけ喜ばれているのかを全社員で共有するために始めた仕組みです。

また外部参加者に一番人気のあるメニュー「ほめほめタイム」では、司会者が引いたクジに当たった社員を、全社員で一巡褒めていきます。お褒めのシャワーを浴びせるのです。

褒められて悪い気になる人はいません。時には仕事で悩んだり壁に当たったりしている人が、仲間から褒められ、認められて涙する、そんな場面もあります。

できることでしたら、朝は説教ではなく、ほめほめで始めるのがいいかなと思います。

皆様の会社でもやってみてはいかがでしょうか。

全員参加のイベントを行う

「何か宗教っぽくなってきたね」

大石会計が駅前商店街のゴミ拾いを始めた数年前、知人から言われた一言です。その方の真意はともかく、私にとってはこの上なくありがたいお褒めの言葉に思えました。

一部の社員が自主的に始めたことが、社内に広がっていき、このゴミ拾い活動になりました。価値観の近いものが集い、同じ目標を掲げ、みんなで一体となって取り組む。たしかに会社経営は宗教と似ています。

社内に一体感のある会社とそうでない会社の生産性を比べたら、圧倒的に前者が上回るのではないでしょうか。業績が低迷している会社は、提供する商品やサービスに原因があるのではなく、社内が一体化していないことが原因であるケースが少なくないはずです。

この頃は、若者をはじめとして、社員の会社への帰属意識が薄れています。「会社のため」なんて言ったら変な奴だと思われてしまうような時代なのかもしれません。そんな時代そのものが変なのです。

私が絶対に尊敬できない人は、自分の帰属する国、地域、組織、家庭……これらを悪く言う人です。当たり前ですが、自分の所属する会社を悪く言う人も同じです。そんな人と話をしても楽しくありません。

どうしても会社に合わなかったら、合う会社に転職すればいいのです。無責任にピーチクパーチクと、会社や上司の批判ばかり言っている人は、どんな環境に行っても所詮は無責任な人です。帰属の意識なくして一体感は絶対に生まれません。

もしも、社内の一体感を高めようとお思いでしたら、全員参加型のイベントを行うのがいいと思います。それもボウリング大会やバーベキュー大会のように、ただ楽しいだけのイベントではなく、創り上げるのに多少は苦労するイベントがいいのです。いや、できたら思いっきり大変なイベントがいいですね。

大石会計で大きく一体感が高まるものは、百数十人の参加者を招いて行う手づくりのイベント「経営フォーラム」と、社員の半数が参加する「マラソン大会」です。振り子の原理で、大変だったり苦しかったりするほど、うまくいったときの達成感や一体感は大きくなるのです。

大石会計事務所のイベント

ゴミ拾い

マラソン

経営フォーラム

挨拶で業績を良くする

先日伺った会社の社長は、私たちが帰る際に会社の外まで出て見送ってくださいました。しかも、私たちの車が見えなくなるまで。

そんな社長のもとで働く社員の方たちの挨拶も気持ちのいいものでした。まだ30歳代の若い社長で、会社には勢いがあります。

あるコンサルタントの方は、繁盛する飲食店に共通していることは、スタッフの声が大きいことだと言いました。わかる気がします。声が大きい、元気、明るい……どれも大切なことです。

会社の業績と挨拶との直接的な関係はわかりませんが、他の条件がまったく同じだとしたら、挨拶がいい会社の業績が良くなるに決まっています。

大石会計でも、以前こんなことがありました。かつて入居していたビルには、会計事務所が3社入っていました。あるとき、そのビルの管理会社の方がお客様を紹介してくださいました。

どうして大石会計を選んでくださったのかと聞くと、エレベーターの中で会う大石会計の社員がみんな気持ちのいい挨拶をしてくれるからだとのことでした。ありがたいことに、その後も何件もご紹介をいただいています。

私どもの仕事振りをご存知なくても、社員の挨拶だけでお客様をご紹介いただけるのですからありがたいものです。たかが挨拶、されど挨拶。挨拶だけでも差別化になるということではないでしょうか。

反対に、どんなに仕事ができる社員でも、挨拶や笑顔がないだけで拒否反応を示されることは少なくありません。

きっと、人は挨拶からその人の人格や成熟さを感じ取るのです。ですから挨拶は業績に影響するのです。

大石会計が行う論語教室、教育勅語の暗誦、地域清掃などの活動について、それが仕事とどう関係するのかと言う人がいます。

たしかに直接的に収益には繋がりませんし、また繋げようと思ってもいません。しかし思っていなくても、間接的には繋がってしまうものなのです。

人材教育では長所を伸ばす

最適の人物を選ぶべく十分に時間をかけても、時に採用フィルターをすり抜けて誤った採用をしてしまうことがあります。「採用の失敗は教育では補えない」と言いますから、誤った採用は取り返しがつきません。それは本人にとっても会社にとっても不幸なことと言えます。

しかし、最適の採用といっても、完全なる人物に出会うことは砂漠でダイヤモンドを探すようなものです。そもそもそんな人物は、中小企業の採用面接に来てくれません。

他人に最適を求める前に自分自身を振り返ってみても、恥ずかしくなるほど完全な人物とはかけ離れています。そんな自身の物差しでする人物評価ですから、まあいい加減と言えばいい加減なものです。

採用に当たっては、実務面の知識スキルはもとより、明るく前向きでコミュニケーション力があり、仲間を大切にして気配り上手な人材がいいと思うのですが、すべてにおいて100点満点という人はいません。ある一定の許容範囲の中で求めるしかありません。

一定の幅の中で採用したのなら、その人の足りない部分を埋めようとするのではなく、強みとしているところをより伸展させられたらいいと思います。

それぞれの欠点を改善して平均点以上にしたとしても、それでは個性のない金太郎飴のような社員ばかりになります。それよりも、各人の強みや魅力的なところを認め合い、個性を伸ばしたほうが活力のある組織になるはずです。

そもそも長所と短所は表裏一体のものなのです。「面倒見がいい」＝「おせっかい」、「慎重」＝「時間をかけすぎる」、「粘り強い」＝「頑固」、「気配り上手」＝「積極性に欠ける」、「強気」＝「確認しない」……などなど、短所を修正しようとすれば長所も薄れてしまいます。そもそも長所伸展で成功した人はたくさんいますが、欠点修正で成功したという話は聞いたことがありません。

故・船井幸雄さんは「人間は好きなことだけやっていればいい。長所を伸ばせば短所や欠点は気にならなくなる」と言いました。

お客様に迷惑をかけるほどの見過ごせないマイナスの個性は矯正しなくてはいけませんが、そうでなければ、その社員のいい面に注目して伸ばしていけたほうがいいのです。

営業の接触時間をチェックする

営業マンの成績は、お客様との接触時間に比例すると言われています。営業マンにどれだけ気合を入れたところで、根性だけでは大きな成果は期待できません。会社の業績が伸びないのもクレームが多発するのも、お客様との接触時間の少なさが原因であることが多いのです。

中小企業の経営で一番かかるコストは人件費です。この人件費を節約するために、お客様との接触時間を減らそうとするのは愚の骨頂です。それでは確かに人件費は減りますが、それ以上に収益も減ってしまいます。

合理化を図るためにお客様との接触時間を減らすのでしたら、無店舗、無人、機械化などのシステムが効果的なのかもしれませんが、それでは意味がありません。

お客様との接触時間の確保のための合理化と心得るのがいいのです。合理化の結果、お客様との接触時間が短くなるようでは本末転倒というものです。

お客様に、売った商品の価値以上の満足を感じていただくには、こちらがどのように商品を提供するかが大切です。お客様は、今目の前にいる提供者を見て価値観を感じ取るのですから、同じものを売っても提供者によって高く感じたり、また安く感じたりもするのです。

もちろん、時にはお客様が見えないところでの準備、移動、加工などにかけた時間を評価してくださることもあります。しかし多くの場合には、実際に目の前で直接接触している末端の社員の立ち居振る舞いによって、商品やサービス自体を判断されてしまうのです。

いい営業とは、決定に対して最も影響力のある人との接触時間をより多く確保することです。御社の営業マンが勤務時間中にどれだけお客様との接触時間を確保できているのかを、一度検証してみてはいかがでしょうか?

そしてもちろんですが、営業マンのモチベーションが下がった状態での接触でしたら、接触時間が長ければ長いほど、相手にとってはこの上なく迷惑で不愉快なものになってしまいます。

結論から先に言わせる

「報告があるのですが……」と言って私の部屋へ入ってくる社員。何か嫌な予感がする瞬間です。

神妙な顔つきでトクトクと何やら話すのですが、何を言おうとしているのか伝わってきません。

せっかちな私はついつい「結論から先に言ってくれる？」「いい話なの、それとも悪い話？」と先を急がせてしまいます。部下の話をじっくり聞くのが良い上司の条件だとしたら、私は完全にダメな上司です。

良い話なのか悪い話なのか見当すらつかない話に付き合えるほど、私は辛抱強くなれません。そんな話を延々と聞いていたのでは血圧が上がってしまいます。

経営者には、圧倒的にせっかちな人が多いものです。のんびりした人柄でありながら成功しているなどという経営者には、出会った記憶がありません。他人の話にも耳は傾けるのですが、結論を先に求めてしまうのが普通の経営者です。

プライベートでの良い話でしたら、プロローグはどんなに長くても構いません。じらされた分だけ喜びも増してしまうのかもしれません。

しかし、ビジネスにおける報告やプレゼンテーションの場合は違います。前振りが長いと、増すのはストレスばかりです。結論が最後になると、聞いているうちに飽きる可能性もあります。

まず大見出しで結論を述べてしまう。そして相手の反応を見ながら詳細を説明する。つまりビジネス上では、新聞形式で伝達するのが正解なのです。

もちろん、ショックを与えるためにする会話や、聞く人の注意を引くために結論をわざわざ後回しにすることもあります。しかし、それは例外です。

結論を先に言って、聞いている人の思考回路を一定の方向に向かせることで、自分の考えを正確に相手に伝えることができるのです。

ただし、これも行きすぎると、相手の真意を聞くことができなくなり、コミュニケーションが浅くなってしまうことがあるので注意が必要です。

まず社員の話から聞く

社長であるあなたは、社員としっかりコミュニケーションが取れていますか？　多くの社長は自信満々に「イエス」と答えます。本当でしょうか？

ある調査では、9割近い社長が社員とのコミュニケーションがしっかり取れていると答えています。ところが一方、同じ質問に対して、7割近い社員が十分なコミュニケーションが取れていないと答えているのです。

楽しい話ではありませんが、最近では退職した社員が会社を訴える例が少なくありません。訴えの内容は、パワハラ、セクハラ、未払い残業代などです。

あるクライアントの社長にそんな話をしたところ、「当社は社員とのコミュニケーションが良いから大丈夫です」とお答えになりました。

それから2ヵ月が経ったある日、「恥ずかしいのですが、当社でも起こってしまいました。しかも二人です」と、くだんの社長から報告がありました。良くない話は社長の耳にはなかなか入ってこないものなのです。

中には、はじめから会社を食い物にしようと中途入社してくるタチの悪い社員もいますから、気をつけないといけません。皆様の会社は大丈夫でしょうか？

私も社内には私の意思が十分伝わっていると思いたいところですが、果たしてどうでしょうか。社長の思いと社員の受け止め方の間には、大きな温度差があるものです。

社長自身、思っていることのすべてを言語化することは難しいですし、言語化できないものは社員には伝わりません。

社員に伝わっているかどうかを確かめるのでしたら、社員に社長の考えを語らせてみたらよくわかります。時に、社長の言葉は社員の心に響いていないだけでなく、意見の押しつけと受け止められていることすらあるのです。

そもそも、どのようにしてコミュニケーションを取っているのかも大切です。誰だって自分の話を聞いてほしいものですから、まず社員の話を聞くことから始めないといけません。今も、書きながら反省しています。

不安は聞いて不満は聞き流す

あなたには「不安」や「不満」はありますか？

それがないような脳天気な人などお目にかかったことはありません。一見すると悩みなどないように見える人でも、そのように振る舞っているだけなのです。

ものわかりのいい上司が部下の「不安」や「不満」を聞いてあげようとすると、とたんに怒涛のごとく吹き出てきて収拾がつかなくなる、なんてこともありますから要注意です。

「不安」と「不満」、この二つは明らかに違うのですが、表現されてしまうと混同してしまうことが多いようです。

不安な気持ちを不満ととらえて、本質が見えずに問題解決できない上司は少なくありません。

不安は聞いてやることによって、和らいだり収まったりします。ですから、聞いたことに対して無理に回答を用意する必要はありません。

不安の正体は、たいていは取り越し苦労です。実際には起こらないことのほうが多いのです。その辺りを踏まえて、聞いてあげるだけでも十分なのです。

一方、聞けば聞くほど大きくなってしまうのが不満です。つまり、不満は口にすることでますます増幅してしまうものなのです。

不満をぶちまけて、言い終わった後はスッキリして、その不満が解消されるなんてことは普通ありません。

ですから、新橋のサラリーマンがガード下の居酒屋でやっているような会社や上司に対する不満は、どんなに言い合っても何の解決にもならないどころか、逆に嫌な思いが増幅してしまうのです。不満の多い人生は穏やかではありません。

言い終わった後のスッキリ感は絶対にないのですが、他人に対する不満や悪口、愚痴は、言っている間は蜜の味ですから盛り上がるし、楽しいものです。

上司はこうしたことを、そういうものだと割り切って軽く聞き流してしまうことです。誰だって不満なんてあるに決まっているのですから、聞いたふりだけしていたらいいのです。案外、不満を言っている人自身が、他の人にとっての不満の対象だったりするものですから。

反省が見えたら怒らない

「車、ぶつけてしまいました」

皆様の会社でも、時に社員からこんな報告があるのではないでしょうか？　そのとき、社長であるあなたはどう対応されますか？

私も25年も経営をやっているので、何度もそんな報告を受けてきました。そんなとき、私は社員を怒ったことがありません。絶対に怒りません。

「なぜ怒らないのですか？」と、事故を起こした当事者の社員から言われたことがあります。社員は怒られたほうが気分は楽になるのかもしれません。でも私は怒る気になれないのです。

だって、社員は反省しながら神妙な顔で報告に来ているのです。本人が深く反省しているのですから、それ以上どうしろと言うのでしょうか。怒ったってどうにもなるものではありません。そもそも明日、同じ失敗を私がするかもしれないのですから。

お客様からクレームを受けることの多い社員に共通していることは、謝ることが下手だということです。私から見ても、「この人は本当に反省しているのだろうか？」と思うことがあります。

不注意で車をぶつけてしまったときと同じくらい神妙な態度で謝れば、相手も怒る気にはなれないものです。真摯に反省している相手を見たら、大概はそれで収まってしまうのではないでしょうか。

追い詰められてから「ごめんなさい」「すみませんでした」と口先で謝るのが一番いけません。なおのこと頭に来てしまいます。ご立腹されている方には、まずもって謝ってしまうのがいいのです。

目の前の相手が怒っていることだけは確かな事実ですから、まずは鎮まってもらうのが最優先です。

たとえこちらに非がないのだとしても、基本は謝るのです。謝ってしまったら負けになると思ってはいけません。

「申し訳ございません」と謝ることと、こちらが非を認めるということとは同じではないのです。気分を害してしまったことに対して謝るのです。

時にはクレームを言ってこられた相手の勘違いということもあります。そんなときでも、まず謝ってしまうのがいいのです。

冷静になってもらってから丁寧に説明すれば、相手の立場も保たれます。すぐに相手の勘違いや思い違いを指摘したのでは、相手は誤りに気づいても引っ込みがつかなくなることがあります。

結論としては、こちらに非があったら即刻謝るべきですし、相手の勘違いでもこちらが謝ってしまえばいいのです。

私は社員が車をぶつけても怒りませんが、他車に迷惑な運転や雑な運転をしたら怒ります。ぶつけてしまってから怒っても後の祭りです。ぶつける前に本人に習慣の悪さをわからせるのが重要になります。

ところで、よく「叱る」のはいいが「怒る」のは良くないと言いますが、私は昔から両者を区別して考えたことはありません。念のため、『広辞苑』（岩波書店）で「怒る」を調べてみたところ、「＝叱る」と書いてありました。これからも安心して怒れます。

クレームにはとにかく謝らせる

私は、社員が起こした自動車事故には怒りませんが、お客様から受けたクレームについては涼しい顔はしていられません。

大石会計ではクレームはすべて朝礼で公開するルールになっています。お客様からのクレームを、社内に内緒で自己処理してしまうことは認めません。クレームを隠蔽した社員はペナルティの対象です。

ミスをすることはいいことではありませんが、仕事をする以上、ある程度のミスは仕方がありません。ミスを完全に防ごうと思ったら、仕事をしないに限ります。しかし、それでは積極性がなくなります。

お客様は、ミスそのものにクレームを出されることは少ないものです。クレームの多くはミス後の対応に対してではないでしょうか。あるいは、ミスをきっかけに「ほら、言わんこっちゃない」と日頃の態度に対してではないでしょうか。

お客様でも、立場が上の人になればなるほど、仕事にはミスがつきものであることはわかっているのです。

一つの傾向として、言い訳が多い社員にはクレームが多い気がします。自己を正当化したい気持ちがお客様目線ではなくなるのでしょう。クレームを多く受ける社員に言い訳が多いとは限りませんが、言い訳の多い社員にはクレームが多いものです。

お客様との関わりの中から出てくるクレームについては、時には社員も言い訳をしたくなる場面があるかもしれません。しかし、こちらに落ち度がないことを、どんなにお客様に説明しても、お客様は収まらないものです。

お客様に落ち度がある場合でも、それを理路整然と説明すればするほど、お客様は収まりがつかなくなります。お客様は、ただ気に入らなかったことを聞いてもらえるだけで気がすむことも多いのです。

相手が逃げ場を失うほど追い詰めてはいけません。まず謝ることから始めるのがいいのです。

他人ではなく自分の価値観を変える

一般に、自己主張が強い人はトラブルメーカーというイメージがあります。経営者の多くは強い自己主張をお持ちですが、皆様はいかがですか？

私は自己主張とトラブルとはまったく関係ないと思っています。むしろ自己主張は価値観の表明ですから、それができない人は認められることも尊敬されることもありません。

私が知る有能な経営者は、どなたもしっかり自己主張をしますが、トラブルにはなりません。私も子どもの頃から自己主張は強いほうですが、他人とのトラブルはほぼありませんでした。

トラブルを起こしてしまう人は、自分の主張はするのに、相手の主張を受け入れられないのです。価値観に対しての許容範囲が狭いのかもしれません。

議論が対立する場合、だいたいどちらも正しいのです。自分の主張を曲げる必要はありませんが、相手を受け入れることができないとトラブルになります。宗教を原因とした戦争はまさにその典型です。

社内でも同じではないでしょうか。多様な価値観に対して懐が狭い人がいると、戦争が勃発してしまいます。残念ですが、これはその人の傾向ですから、人生で何度も繰り返すことになります。

「I am OK & You are OK!」がいいのです。その前提の上での議論でしたらトラブルにはなりません。はじめから「You are not OK」では宣戦布告になってしまいます。

自分の今の環境は、自分自身の価値観が形になって表れたものです。価値観に反するものなど何もないはずです。

ということは、今の環境を変えようと思ったら、他人の価値観のコントロールにパワーを使うことは無駄です。そもそも他人の価値観など簡単に変えられるものではありません。自分の価値観を変えるしかないのです。

相手を受け入れるから受け入れられる、許すから許される、愛するから愛される、与えるから与えられる、応援するから応援される……そんな素敵なおじ様になりたいものです。

電話応対で差別化を図る

「もしもし」「ハーイ」……。さすがに今では、こんな電話の出方をする会社はなくなりました。かといって、感じのいい電話応対をしている会社もあまり多くはありません。皆様の会社では、電話の出方やかけ方について話し合われたことはあるでしょうか？

この頃ではEメールの利用が多くなったとはいえ、ビジネスの場における電話の重要度は決して低くなってはいません。会社によっては受注の100％を電話で受けているところもあります。電話セールス中心で年に数億円もの手数料を稼ぐ中小企業もあります。

もちろんいいことばかりではなく、すべてを台無しにしてしまう可能性があるのも電話です。たかが電話、されど電話。電話恐るべしです。ですから、そんな重要な電話応対について、社内で話し合いや工夫をしてみることが必要なのではないでしょうか。

私は電話応対をはじめとしたビジネスマナー全般については、新卒で就職した地方銀行で学ばせてもらいました。当時は初めて行うロールプレイに照れながらも、これがビジネスマンの振る舞いなのだとワクワクしたものでした。

もっとも、かつてはマナーの鑑と言われていた金融機関も、今ではあまり参考にならなくなってしまったのは残念なことです。世の中のホスピタリティの水準がどんどん高くなっているから、そのように感じてしまうのでしょう。

普通の中小企業は、技術力、製品力での差別化はなかなか図れないものです。ですが、電話応対ならば地域一番を目指せるという気にはなりませんか？ そうです、電話応対で差別化してしまうのです。社員が行う電話応対にコストはかからないのですから。

これは電話の出方とは少し違う話なのですが、先日、大石会計に聞き覚えのないお年寄りから電話がありました。その方は以前、一度だけお仕事をさせていただいた方で、体調を崩されてしばらく入院していたそうです。その話の内容に、応対した社員が「お体いかがですか？」と電話口で言ったのだそうです。

後日お会いしたとき、その方は「あの優しい声かけは、教えてできるものではありません。とても感動しました」と目に涙をためてお話くださいました。

私が一番嬉しく思える瞬間です。そんなマニュアル対応ではない、優しく気が利いた社員がいてくれたら会社は強くなります。

身だしなみで印象を上げる

多くの人は他人から見てどのような印象を持たれるのかを気にします。「他人の目など気にしない」という人も中にはいるかもしれませんが、そんな人でもお化粧や身につけるものに一切お構いなしという人は少ないのではないでしょうか。

身だしなみに気を使うか使わないかの本人の好みはともかく、私はビジネスの場での身だしなみには無頓着であってほしくはありません。

人は見た目で判断してはいけないけれども、他に何の情報もなかったら、視覚情報から入ることになります。一般的に、人は9割以上を外見で判断するとも言われています。

我々ビジネスマンのユニフォームはスーツです。ユニフォームと言っても自分好みにコーディネートができるのですから、そこには自己主張があります。

つまりスーツやネクタイは自分の価値観の表明なのです。高価なモノで身を包む必要はありませんが、着られれば何でもいいという価値観はビジネスマンには禁物です。

先日行った採用面接で出会った若者の一人は、理路整然とした話し方や素晴らしい文章力に頭の良さを感じさせ、人柄も誠実な好青年でした。しかし残念なことに彼は、姿勢はうつむき加減で、自分の身なりにまったく気を使っていませんでした。

どんなに前向きな話も、うつむきながら話したのでは相手に伝わりません。初めて出会う身なりが清潔そうでない人からサービスを受けたいと思う人もいません。自分のことさえきちんとできない人が、相手に細やかな気遣いなどできないと瞬時に思われてしまうからです。

出会った人すべてに拒否されるとは言いませんが、多少無愛想でも許される友達同士とは違って、ビジネスの場では最初の印象が良くなければ次はないのです。理解されるまで時間をかけている余裕などありません。

チャラチャラした軽っぽい服装はいただけませんが、年寄りくさい地味な背広を若者らしいスーツに変えるだけで、気分も行動も変わるのではないでしょうか。

センスに自信がないのであれば、店員さんにすべてコーディネートしてもらったらいいと思います。マネキンが着ている一式を買ったらいいのです。きっと世界観まで変わった気になれることでしょう。

一流になるにはまず形から入る

皆様はお気づきでしょうか？　一流ビジネスマンで100円ボールペンを使っている人は滅多にいません。コンビニのビニール傘にしても同じです。彼らは、書ければいい、濡れなければいいという機能のみを重視した考え方ではないことは確かです。

一流のビジネスマンになろうと思うのなら、まず形から入るのがお勧めです。一流になってから価値あるものを身につけるのでは、いつになるのかわかりません。まずは身につけるものを変えて、それに相応しい自分になっていくのがいいのです。

特別に高価なものを身につける必要はありませんが、ビシッとフィットしたスーツに身を包み、できるビジネスマンを演じるのです。演じて演じて、演じ続けたら、やがて本物になっていきます。

身につけるものは、その人の価値観の表明でもあります。価値観の表明は大袈裟に言えば生き方の表明ですから、身につけるものでその人の生き方が垣間見えてしまうのです。

身なりになんて気を使わないという人も、その「身なりに気を使わない」という価値観を表明しているのです。

そして自分の身なりに無頓着な人が、ビジネスの場において、お客様のかゆいところに手の届くようなサービスを提供できているかと言えば、私はそんな姿をイメージすることができません。

身につけるものだけではありません。配偶者、自動車、住宅、職場……人は誰でも気に入ったものしか保有しないものです。その人が保有するすべてのものには意味があり、取り巻く環境そのものに、その人の人生観が表れているのです。

本当に仲の悪い夫婦でしたら、別れてしまいます。本当に気に入らない職場でしたら、辞めてしまいます。それでも別れられない夫婦、辞められない職場は、本人にとってはまだ価値観の許容範囲ということです。

たった1本のボールペンや傘から人生観を観察されていると思ったら、消費志向も消費性向も少し変わってくると思いませんか？

人も会社も見た目が一番である

「人は見た目が一番」と言います。ビジネスの場においては、最初のチャンスをものにできなければ、成功の可能性はとても低いものになります。1回目がダメなら2回目はないのです。

噛むほどに味が出るスルメのような営業マンは個人的には好きですが、噛まなくても味が出るような営業マンでなければ大きな成果は残せません。出会った瞬間に相手の心を鷲づかみにしてしまうのがトップセールスマンです。見た目とコミュニケーション力が優れている営業マンは、売りたくなくても売れてしまうのです。

しかし、実際のところ、人としては「見た目」よりも「見えないもの」、つまり本質のほうが大切なのは言うまでもありません。営業マンにしても相手の心をグッとつかんで最初の取引にこぎ着けられても、付き合い続けるうちに、親切、誠意、誠実、正義、愛……これらに疑いを持たれたら、その後の取引は続かないのです。

したがって、人格が優れていても見た目が良くなければ売れませんし、見た目が良くても人格的に問題のある人は長続きしないのです。

偉そうに書いている私ですが、私自身も自分の中にはいつも二種類の人間が存在しています。誠実な自分と狡い自分、気前のいい自分とセコイ自分、優しい自分と意地悪な自分、ポジティブな自分とネガティブな自分……つまりいい自分と悪い自分とがいて、常に両者がせめぎ合っているのです。

日常生活でする判断の多くは、そんな二種類の自分が戦って、勝ったほうの自分が表に出たものなのではないでしょうか。誠実さや正義感が少しでも優っていると、他人が見たらいい人になってしまうのです。

そう言えば、１００年企業に見られる共通点とは、「誠実さを文化の一部に持っていることだ」という話を聞いたことがあります。まれに優れた技術やヒラメキで瞬間的にブレイクする企業がありますが、その根底にお客様や社会に対する誠実さが欠けている企業は、事実長続きできていないのです。人生も会社も一緒ですね。

決める訓練を積む

「この頃の若い人は……」とよく言われます。これは今に始まったことではなく、私が若いときにも言われてきました。数千年前の洞窟にも書かれてあったそうですから、大昔から変わっていないということです。

その意味では、私も今の若い人を批判できる立場にはないのですが、それでもあえて言わせてもらうと、この頃は自立心が足りない若者が増えているように思います。会社の規模や業種に限らず、若者が自立していないと嘆く経営者は結構多いのです。

自立できていない人は、「会社はどうしてくれるのか」「上司はどう評価してくれるのか」「どうして自分ばかり……」などと考えます。始終、周囲の反応が気になって振り回されてばかりです。いつも誰かに頼り切って、それでいて自分中心に考えてしまうのですから困ったものです。

一方、自立している人は「どうしたらうまくいくか」「どうしたら充実できるか」「どうしたら生産性が上がるか」「どうしたらみんなが楽しいか」……と考えます。人に頼らないだけでなく、周囲の人のことも考えてくれます。

自分のことや自分の生き方さえも自分で決められずに、誰かに頼ってしまうのは残念なことです。人生は、他人に引きずり回されるのでなく、いい意味で引きずり回すのがいいのです。

ただしそれは、「他人の意見を聞くな」ということではありません。日頃から物事の決断を避けていてはいけないのです。食事に行くにも自分でお店やメニューを選ばない、いつも人に合わせてしまう、洋服も無難なものばかり選ぶ……小さな勇気が足りません。小さな決断ができなくて、どうして大きな決断ができるというのでしょうか。

人生においては、もっと大きくて、正解がないような迷える場面が度々訪れます。そんなときは、他人の意見を参考にするのも結構ですが、最後は自分の責任で決断するしかないのです。日頃から自分の意見を持ち、決断する訓練を積んでおいたほうがいいのです。


「君子《くんし》は和《わ》して同《どう》ぜず。小人《しょうじん》は同《どう》じて和《わ》せず」（論語：子路第十三）

——君子は人と調和することができますが、自分の意見はしっかり持っています。小人は自分の意見を持たずに、うわべだけで人と仲良くしてしまいます。

勝ちグセをつける

何事につけ、成果へのこだわりは大切です。特にビジネスにおいては、成果なくして成功はないのですから。

もちろん成果は大きいほうがいいのですが、小さな成果でも上げ続けること、つまり勝ちグセをつけることは大切です。

勝ち続ける人を観察していると、意識は常に勝つことで、弱音の発想などまったくありません。目標達成はゴールではなく、次なる大きな目標へのスタートだと考えています。

一旦決めたら、多くを考えずに動きはじめるのです。重要なことは早くやることです。そして自分にはできると根拠なく思い込んでいるので、多少の困難にも目を輝かせて普通の人の何倍も努力するのですから面白いです。

一方、なかなか成果が出せない、つまり負けグセのついている人は、無意識なので本人は気がついていないのですが、いつも何かのせいにしてしまっているように思えます。景気、天気、年齢、健康、時間、ライバル、配偶者、子ども……きっと感謝と反省が足りないのでしょう。

どうやったらできるのか、うまくいくのかと考える習慣のない人は、気になることが目の前のハードルばかりです。できない理由を探すことは簡単です。

そもそも、負けグセのついている人には目標がありません。目標もなく頑張ることほどしんどいことはありません。目標がないから迷い悩んでしまうのです。

もしくは絵に描いた目標があったとしても、本気で勝ち取る信念がないから、いとも簡単に諦めてしまうのかもしれません。

フォローの風に乗り、すべてが順風満帆なんて人はいません。アゲンストの風が吹いたときこそ、信念の有無で結果に違いが出るのです。

その気になったら必ずかなえられる目標、自分にとって価値ある目標をたくさんつくって、一つずつ達成していきたいものですね。勝つことが当たり前と思えるようになることが大切なのですから。

悩まずに今を生きる

夜も眠れないくらいに悩む――。誰にもそんな経験はあるはずです。もしかしたら、今現在がまさにその悩みの最中だったりするのかもしれませんね。

それでは、果たしてこれまでの人生で悩んで解決したことはあったでしょうか？　悩んで悩んで悩み通して、それで解決できるのだとしたら、いつまでも悩み続けることもいいでしょう。

反対に、悩んだことや不安に思ったことが現実に起こってしまったことがどれだけあったでしょうか？　ほとんど起こらなかったはずです。つまり人は、起こりもしないことに悩んだり、不安になったりしてしまうのです。

ならば悩むなと言いたいです。人は見えないものを恐れてしまうのです。子どもがお化けを怖がるのと同じです。馬鹿げています。時間も無駄ですし、何より自分自身へのダメージが計り知れません。

私も若いときに悩み苦しんだ経験があります。もちろん今でも悩むことはありますが、苦しんだりはしません。終わったことは仕方がないのです。多少の反省はしますが、後悔したところで始まりません。

「まあ、いいか」「起こったことは仕方がない」なんて思う私の性格が、適性検査をすると責任感が足りないと判定される所以なのでしょう。

たとえ取り返しのつかないような大きなミスをしたとしても、やってしまったことは元には戻りません。反省して謝るなり、善処するしかないのです。反省は瞬間でいいのです。いつまでも気にしていても始まりません。

過去は変えられません。ならば、忘れる、気にしない、諦める、それしかありません。また未来のこともわかりません。ならば、悩まない、怯えない、考えない、今を生きるしかないのです。

あっそうそう、私の責任感が足りないのは経営者向きの性格なのだそうです。ポイントは「まあ、いいか」です。

女性社員を活用する

いじめ、仲間はずれ、無視、派閥づくり……残念ですが、子どもの世界だけではありません。案外大人の世界にもありますね。でも、大石会計ではないと思います。たぶん。

大石会計の場合、採用時の適性検査では協調性を重視します。また面接の際、いじめや仲間外れなどの行為があったときには、会社を辞めてもらうことを伝えてあります。簡単に言うと〝クビ〟です。

ちょっとでも性格が合わなかったり気に入らない人がいると、すぐに態度に出したり悪口や陰口を言ったりする人はどこにでもいるものです。一言釘を刺しておくだけで案外防げるものです。

一般的に徒党を組んだり、遠慮なき一言を発したりする傾向が強いのは、男性より女性に多い気がします。

男だけの三兄弟で育った私は、子どもの頃は女性に心細やかで優しいイメージを持っていました。しかし社会に出て女性との関わりが増すと、抱いていた妄想とは違って驚いたものです。

働きはじめて最初に感じたのは、男性のほうが気配り上手で、女性のほうが後先考えない直球勝負の人が多いということでした。と言うとまた問題発言になるかもしれませんね。

前にも言いましたが、ナンバー2に女性を起用している社長にその理由を聞いたところ、「女性は裏切らないから」と言われていたのですが、わかる気がします。たしかに、女性をナンバー2に据えている中小企業は、いい会社であることが多いように思えます。

女性は実務面においても男性以上の結果を出してくれます。中途半端な男性よりはるかに力になってくれます。皆様の会社も一度社内の人材を洗い直してみてはいかがですか？意外なところに宝が埋もれている可能性があります。

人間はあらゆる面において女性のほうが優れて創られているそうです。神様は、それではあまりに男性が気の毒だと配慮して、せめてもと与えたのが腕力なのだそうです。なるほど、それもわかる気がします。

人生を豊かにすることをすすめる

ゆとり――。耳に優しいいい言葉です。一生を通じて死ぬまでゆとりのある人生を送れたら、それこそ理想的な生涯ですね。

しかし、この耳に優しい「ゆとり」という言葉が曲者でした。かつて国の政策で進められた「ゆとり教育」「ゆとりローン」、結果は散々なものでした。子どもの脳みそにゆとりなど要らなかったのです。約束されてもいない将来の昇給を当てにしての借金は、はじめから危険だったのです。

これらは国がやることがいつも正しいとは限らない典型的な例ですが、普通に考えたらわかりそうなものです。しかし大衆は弱いもので、優しい言葉には負けてしまいます。最近危ないと思っているのは「ワークライフバランス」なるものです。響きが良く、誰からも受け入れられやすいのですが、その目的はいったい何なのでしょうか。

現在の人生を豊かにすることに、どれだけの価値があるのでしょうか。若い人は今が多少厳しくても、将来40～50歳になったときに豊かな人生を送れることが大切だと私は考えています。

私は亡き父から「男の人生は30歳までで決まる」と言われて育ちました。これは私にとって一番ありがたい父からの教えでした。

身体を鍛えること、勉強すること、技術を身につけること、いい習慣を身につけること、いい人間関係をつくること、卓越した人生観を持つこと、これらは早ければ早いほどいいのです。50歳になってから一所懸命働くことはもちろん大切なことです。しかし30歳までに基礎ができていない人は、後半戦でいくら頑張ってもなかなか人生の逆転はできないものです。

元英国首相のサッチャーさんは、国民に勤勉と倹約を勧めました。「金持ちを貧乏にしても、それで貧乏人が金持ちになるわけではない」と言った鉄の女の基本的な考え方は「働かざるもの食うべからず」でした。

このように書くと批判の声も聞こえてきそうですが、私は長時間勤務や過酷な労働がいいとは考えていません。人生の後半戦を豊かにできるように、職場だけでなく会社を離れてからも、自分自身への投資を怠ってはいけないと、特に若い人たちに言いたいのです。

第 3 章

基本業務がうまくいかない……

社長はどう経営すべきか？

キャッシュフローをプラスにする

利益は出ているのにキャッシュがない。これはよく聞く社長の悩みです。いったいどうしてでしょうか？　自分の会社のお金の構造が理解できていないのです。大きな原因は借入金の返済です。借入金は返済しても経費になりません。設備投資も同じです。大雑把に言うと、利益が出ていなければ借入の返済も設備投資もできないのです。

企業におけるキャッシュは血液にも例えられます。循環が悪くなると簡単に倒産の危機に陥ります。会社が潰れるのは赤字ではなく、キャッシュの流れの悪化なのです。

通常の経営でキャッシュフローが悪くなる原因の主なものは以下の通りです。

①利益の減少

売上減や経費増で利益が減るとキャッシュは減少します。

②売上債権の増加

売上が増えても、売掛金が回収されないうちはキャッシュは増えません。

③仕入債務の減少

仕入が増えても、掛けで仕入れて買掛金を支払わないうちは資金の流出はありませんから、キャッシュは減少しませんが、反対に仕入れはしなくても、買掛金を支払うことでキャッシュは減少します。

④在庫の増加

仕入れた商品は売れることではじめて資金化されます。売れずに店先や倉庫に積んであるうちは資金の固定です。この在庫が増えると資金不足になります。

⑤資産の増加

不動産や設備投資をすることでキャッシュは減少します。

⑥借入金の減少

借入金の返済をすることでキャッシュは減少します。

キャッシュフローをプラスにするには、これらとは反対のことをすればいいのです。つまり利益を増加させ、売掛金の回収を早め、買掛金の支払いを遅らせ、在庫を減らし、資産も減らし、借入金を増やせば、会社の資金繰りは良くなるのです。

自社の位置を知る

ビジネスの場において、次のような現象となって表れる「パレートの法則」はご存知でしょうか？「80：20の法則」と言ったほうがわかりやすいかもしれませんね。

①20％のお客様が利益の80％を生む
②20％の商品が売上の80％を占める
③20％の営業マンが売上の80％を占める
④20％のお客様からクレームの80％が出る
⑤20％の部品から故障の80％が出る

このように、数ある中でも大事なものはわずかしかなく、すべてに万遍なく均等に力を配分するよりも、効果的なところに集中することが大事だと教えてくれるのがパレートの法則です。

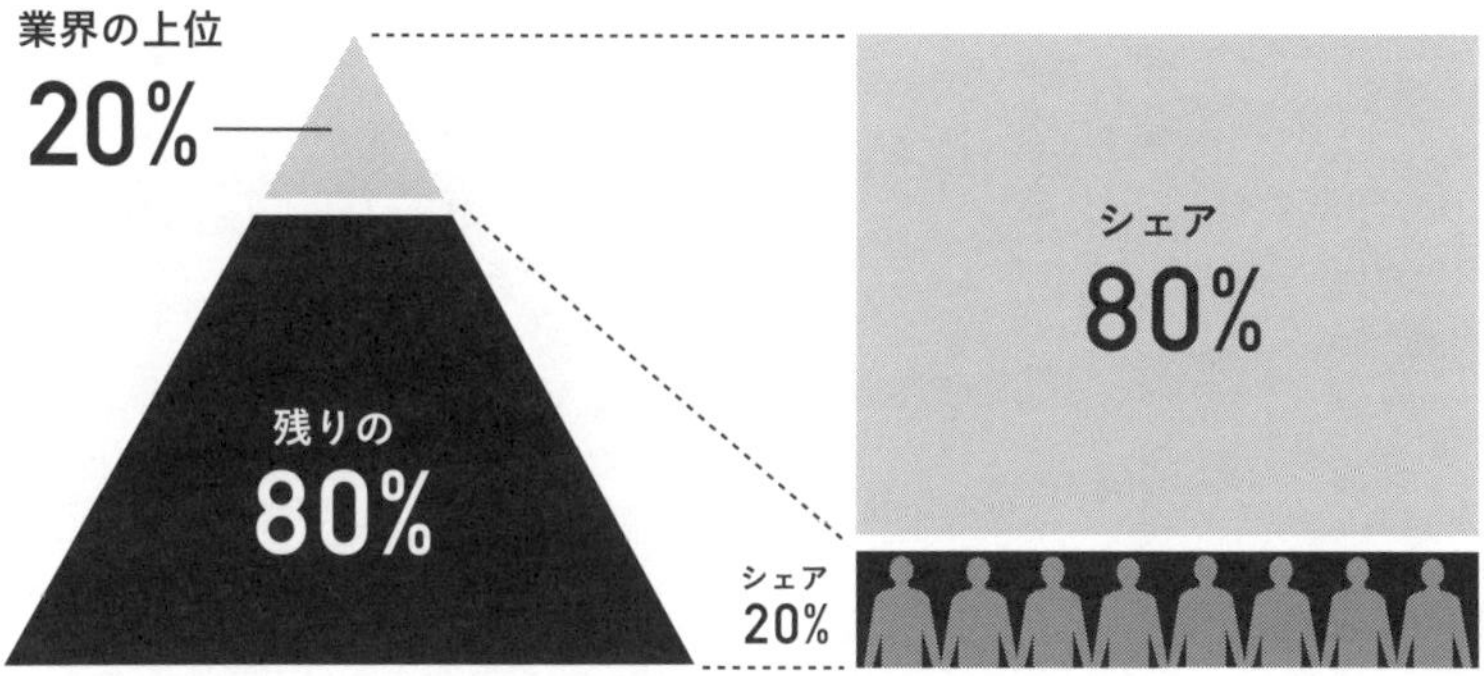

それでは、あなたの会社は業界でどれくらいの順位に位置しているのでしょうか？　仮にあなたのいる業界規模を１００社だとして順位をつけてみてください。

パレートの法則によれば、上位20％の会社によって業界シェアの80％が占められていることになります。

そして、下位80％の会社が残りの20％のシェアにひしめき合っているのです。

どうですか、感覚的には当たらずも遠からずといったところではないでしょうか？

次にあるのは、業界規模が１００社だとした場合の会社順位による業界での位置づけを表したものです。

１００社中２番目……上
１００社中５番目……中の上
１００社中10番目……中の中
１００社中20番目……中の下
１００社中50番目……下の中
１００社中70番目……下の下

つまり、いやな言葉かもしれませんが「勝ち組」に入るには、最低でも上位20％に楽々入らなくてはいけません。もしもあなたの会社が１００社中50番目に位置しているとしたなら、その順位を見て中堅クラスと考えてはいけません。なぜなら、このパレートの法則の意味するところでは、50番目は明らかに下位にひしめく80社の中に属してしまうからなのです。

ちなみに、一人当たりの純利益が業界平均の２倍あったら、上位５％に入っていると言われます。さて、あなたの目指すところはどの水準でしょうか？

弱者の戦い方で活路を見出す

地方企業の経営者の中には、「地方に比べたら人口が多い都市部の商売は楽だ」と言われる方がいます。そんな方の経営する会社に限って、その地方での商売はうまくいっていないものです。地方で受け入れられていない会社が、どうして大都市でうまくいくのでしょうか。

人がたくさんいれば儲かるというのなら、新宿や渋谷のお店はどこも大繁盛でてんてこ舞いとなるはずです。しかし、残念なことに人口密集地で商売をやったとしてもうまくいくとは限りません。競争も激しいのです。

普通の中小企業の営業での狙い目は局地戦です。小さな領域で輝く戦い方をするべきです。特に大企業やメジャーブランドと競合するようなケースでは、大都市で正面から同じやり方で競い合ったのではひとたまりもありません。

いずれ渡り合えるようになりたいのは山々ですが、こちらに力のないうちは、有力企業の影響の少ないところでじっくりと力をつけることです。

局地戦、わかりやすい例では辺境の地での戦いです。相手が大企業であっても、彼らにとって死角となる地域での戦いでしたら、対等以上に渡り合うことができます。

大企業の営業マンが足を延ばすことが少ない島、半島、川べり、県境、急行が止まらない小さな駅周辺、そんなところには強い営業相手はいないものです。

ビジネスでは、負ける勝負をしてはいけません。根性出してカッコ良さげに戦っても、結果として負けてしまったのでは意味がないのです。

強い相手とは戦わないのが一番ですが、もしも戦うとしたら狭い地域に2～3倍の営業を投下しての必勝態勢で行くしかありません。長期の消耗戦になったら資本力に勝る企業に有利なのです。

強者には強者の戦い方があり、弱者には弱者なりの戦い方があるのです。弱者が強者の真似をしたところで効果は期待できないどころか、社内は疲れ果ててしまうだけです。街の定食屋が東京ドームに看板を出したところで効果はないのです。

小さな領域の中で一番になる

ある商品が、世の中で必要とされているオンリーワン商品だったり、他と比べて明らかな優位性があれば、放っておいても売れてしまいます。そこには売る努力なんて必要ありません。ところが、そんな優位な商品を持っていないのが普通の中小企業なのです。

商品を提供する側では、お客様からこれだけもらわないと合わないといって値決めをすることがありますが、合うとか合わないとかはお客様が決めることであって、お店の側で決められるものではありません。

その商品にどれだけコストがかかっているのかは、お客様には関係のないことです。さらに言えば、お客様が値段の高低を考えるとき、商品そのもので判断しているのではありません。

飲食店の原価率は一般的に売値の1/3ぐらいです。つまりあなたが今日食べた1000円のランチの原価は350円で、昨夜4000円払った居酒屋の原価は1300円くらいなのです。だいたいどこも同じくらいの原価をかけているにもかかわらず、利用する側では高く感じたり安く感じたりしてしまうのはどうしてなのでしょうか。

大石会計には、年に何度か全社を挙げての食事会があります。その際の予算はだいたい決まっていますから、同一価格帯でのお店間の満足度の比較ができます。

社員に「自腹で食べに行くとしたら、どのお店に行きますか?」と聞くと、これは案外意見が割れません。行きたいお店もそうではないお店もだいたい意見は一致するのです。単純に客入りが少ないお店だからといって決してお料理が不味いわけではありません。単純によそと比べて何かで優位性がないのです。したがって、単独で美味しいとか雰囲気がいいとかはあまり関係ありません。お客様は他店との比較で判断するのですから。

どんなに良いものでも高ければ売れませんし、反対にどんなに安くてもモノが良くなくてはこれもまたダメです。すると、どうしても適当な品質と値段の領域に集中しがちです。

その領域では熾烈な競争が展開されていますから、そこで当たり前の商品で戦っていては消耗戦になってしまいます。

そこから抜け出すために、小さな領域の中で一番になれるものが何かないでしょうか?

例えば世界のビールが飲める、デザートが飛びっきり豪華、辛いもの好きにはたまらないといった、お客様が話題にしたくなる何かがあるといいですね。

お金を回収する

「仕事をしたのに代金をもらえない」「商品を納品したのに期日に売掛金を払ってくれない」。景気が悪くなるとそんな事例が増えてきます。それでは何のために仕事をしてきたのかわかりません。お金を払ってくれないのであれば、その会社はお客様でも何でもないのです。

売る側にありがちなのは、滞った売掛金の入金を期待して、いつまでも延々と取引を続けてしまうことです。取引をストップしたら、売掛金を支払ってもらえなくなると思ってしまうのです。そうなってしまうと、どちらの立場が上なのかわからなくなります。

払う側と受け取る側、どう考えても受け取る側が強いに決まっています。正当な理由もなく支払いを遅らせる会社に対しては、断固たる態度で臨まなくてはいけません。お客様第一主義も大切ですが、儲けさせてくれない会社はお客様ではないのです。

とはいってもこんなご時世ですから、時に良くない相手と取引をしてしまうこともあります。また、優良な得意先が業績を突然大きく落としてしまうこともあります。そのためにも、得意先の与信管理は厳密にしなくてはなりません。

特に支払手形で受け取るようなケースでは、キャッシュフロー上、3〜4ヵ月ただ働きをしたことになりますし、ましてや受け取った手形が不渡りにでもなろうものなら、すべてが無になってしまいます。

ですから営業マンや担当者は、得意先の実情の把握に細心の注意を払う必要があります。例えば、買掛金の〆日支払日を変更していないか、社員にボーナスをどれくらい支給しているか、給料は遅配していないか、リストラはしていないか、仕入先や下請業者に目立った入れ替わりはないか、振込指定口座が変わっていないか、リスケをしていないか、これらは、担当者が真剣にアンテナを張り巡らして情報を集める気でいれば難しいことではありません。

営業マンは、ただ売っていればいいというものではありません。仕事で一番大切なことは、お金を回収することだと言っても過言ではないのです。お金のために仕事をするのではないにしても、お金を生むことができる唯一の行為が仕事なのですから。

客単価を上げる

会社の価値は客単価で決まると言われます。一般的に企業経営においては「客単価×客数=売上高」が問題になるのですが、客単価が高いということはブランド力が優れていることの証でもあります。

似たようなサービスやモノでも、お店によって値段に差があるのはよくあることです。同じモノなら、高く売り続けられる会社がいい会社であり、また1円でも高く売ることができる営業マンが有能な営業マンなのです。反対に、同じモノでも「値引きしなければ売れない営業マンは能力がない」と言ったらおわかりいただけるでしょうか。

例えばレストランの場合、客単価8000円のA店と、15000円のB店とでは、お料理はもちろんですが、客層も大きく違ってきます。そして、何よりも店員のプライドが違いますから、それは立ち居振る舞いにも当然表れることになります。数量が同じだけ売れるのでしたら、客単価の高いB店のほうがいい会社に決まっています。

ここで値つけが利益にどのように影響するのか、例を使って考えてみましょう。

（例）　客単価　　　　　　　　1000円
売上原価＋集客コスト　900円
利益　　　　　　　　　100円

このケースでは、売上原価と集客コストに変動がないものとして、売価を10％値上げすることで利益は2倍（1000×110％△900＝200）になります。もしくは数量を2倍売ることでも利益は2倍（（1000△900）×2＝200）になります。つまり2倍の利益を確保するのには、10％の値上げをするか、数量を2倍売るかのどちらかということになりますが、販売数量を2倍にするのは簡単なことではありません。

ちなみに、このケースでは1％の値上げで利益は10％（1000×101％△900＝110）増えるのですから、価格戦略の重要さはご理解いただけるのではないでしょうか。しかし断っておきますが、同じお客様に高く売りつけることが大事だと言っているのではありません。いかに安易な値下げが利益に悪い影響を与えるのかをおわかりいただきたいのです。

顧客満足を進める

アメリカの小売業におけるＡＣＳＩ（米国顧客満足指標）で、２０１２年のトップはスーパーマーケットのパブリックスでした。同社はかつて顧客満足度調査で、お客様が自社を離れていく理由について調査しました。

お客様が離れていく理由として挙がったのは、お客様自身の引っ越しや死亡、品質や値段などさまざまでしたが、中でもダントツの一番が「従業員の態度が気に食わなかった」というものでした。これってわかる気がしませんか？

この調査の結果に見られるように、小売業など顧客と直接的に触れ合うサービスを提供している会社にとって一番大切な要素は、従業員の接客態度ということなのです。

パブリックス社に寄せられているお客様からのお褒めの言葉は、「食品の優れた品揃え」「清潔で整理整頓が行き届いた売り場」「自発的な手助け」「キャリー・アウト・サービス（レジ担当者が品物を車まで運ぶサービス）」「ミスをしたときの的確な処置」「礼儀正しい、優しい、親切、フレンドリーな態度」「顧客を個人として扱い、注意を払う態度」などなどです。要するに従業員の所作や立ち居振る舞いにお客様は反応しているのです。

多くの人には、顧客満足の提供には人手とコストがかかるものだという固定観念があります。このお褒めの言葉のうち多少コストを要するものは食品の品揃えぐらいで、その他は従業員の行動なのです。人手やコストを心配する前に、所作や心を込めた応対といったことをきちんとやっていくことが重要だということです。

顧客満足は社員の教育や意識づけでずいぶん改善されるのですが、その前に経営者がこのことに価値観を置いていることが前提となります。

従業員が勝手にいい方向に変化することは期待できないのです。必要なのは経営者の意識改革だけで、他のコストはいりません。

「利益とは顧客満足の総和である」

こう言ったのは、松下幸之助翁です。商売はお客様あってのものです。顧客満足が進むとリピート率が高まり、口コミによる増客で売上も利益も増えることになります。当たり前ですが、顧客満足が進まずして利益が生まれることはないのです。

損得勘定から消費行為を考える

こんな言い方をすると誤解を招くかもしれませんが、人は損得に対して非常に敏感になります。すべてを損得勘定で判断してしまうのが人間かもしれません。

楽しいもの、美味しいもの、気持ちいいもの、安心できるもの……など、自分にとって広い意味で得になるものは誰もが歓迎します。反対に、苦しいもの、不味いもの、気分の悪いもの、危険なもの……などは避けたくなります。

とは言うものの、損得ばかりで物事を判断していると打算的人間に思われてしまいます。そんな人間に見られないように振る舞う……それすらもまた損得に基づいた打算的反応とも考えられますが……。

では、募金をする行為は損得勘定ではどのように説明できるのでしょうか。他人のためにお金を使うことで得られるプラスの感情が、金銭的出費によるマイナス感情を上回るということではないでしょうか。マイナス感情のほうが上回れば、募金箱にお金を投入することはありません。

この損得勘定は消費行為にも当てはまります。金銭の出費という明らかなマイナスの感情に対して、それを上回るプラス感情がもたらされる商品やサービスに人はお金を使うのです。そしてお金には限りがありますから、プラスの感情がより大きくなりそうなところに重点的に使うのです。

飲食店で例えると、お客様は、味、ボリューム、サービス、近さ、施設……など、これらが値段と見合っていることはもちろんですが、他のお店と比べた相対的満足感で来店されるのです。絶対的満足感で来店されるのではありません。単に自店の商品が美味しいとか安いとかではないのです。それらも含めた他店との比較の結果なのです。

皆様にイメージしてほしいのですが、私たちは食事に行くときに、必ずいくつかの候補の中からお店を選んでいます。近隣のすべての飲食店から探すのではありません。ほんの限られた5~6店のリストの中から選んでいるのです。

集客がうまくいかないお店というのは、そもそもお客様のリストにすら挙がらないお店なのです。お客様に得した気分になってもらい、リストに載ることがテーマなのではないでしょうか。

銀行が貸すと言ったら借りておく

タイトルが良くありませんね。本当は借金なんていいはずがありません。すべてを自己資金で賄えるのなら、こんなにありがたいことはありません。

しかし、借金をしないことでビジネスの機会が縮小するようでは、それもどうかと思います。会社経営に借金はつきものなのです。自己資金に合わせて事業規模を決めてしまうのは、決していいことではありません。

新たな設備投資をすることによって、収益が増加する、あるいはコストが削減できるなど、その投下資金以上のメリットがあるのでしたら、借金してでも投資したほうがいい、と考えるのが経営の常道です。

仮に、土地持ちではあるが自己資金がまったくない人が、アパート経営を始めたいとします。この人が建築資金を全額貯めてから着工するのでは、アパート経営を始めるまでに何十年かかるかわかりません。そんなことをしている間に時代は変わってしまいます。

これは不動産賃貸業だけではなく、他の業種でも同じです。そば屋を始めようと思うのでしたら、資金を貯めるのではなく、先に借金して店舗を構え、商売の利益の中から返済していくのがいいのです。

つまり、未来の成果を先取りするという観点から、借金は企業の成長にとって有用な手法なのです。何が何でも借金は嫌いという人は経営者に向いていません。

ただし、借金して投資したものが計画通りに収益を生まないというリスクもありますから、大金を投じての設備投資には慎重さも必要です。困るのは、慎重になりすぎて身動きできなくなることです。

石橋を叩きすぎないことです。サラリーマンだって、自宅を購入するのに何千万円もの住宅ローンを借りるのですから。

基本的には、銀行が貸すと判断したときには借りるべきです。銀行は返済能力を超えての融資はしません。ある意味で、銀行の貸す判断は、あなたの事業計画と情熱に対しての太鼓判なのです。

資金繰りの生産性はゼロである

昔から「銀行は晴れた日に傘を貸し、雨が降ったら傘を取り上げる」という、銀行を揶揄する言葉があります。

これについて某銀行の支店長は「その通りです。そもそも銀行には日傘しかありません」と言い切りました。雨の日には役に立たない傘です。だからこそ借りられるときには十分な資金を借りておいたほうがいいのだと言うのです。

銀行が貸したいと言ってきたときに、いつでも借りられると思って断ってしまう社長がいますが、前述のように、やはり借りられるときには借りておいたほうがいいのです。

銀行が貸したいときと、会社が借りたいときが一致するとは限りません。銀行は自行の決算などの都合で貸したいときもあるのです。そこで借りなくて、後日必要になったときに融資の申し込みをしても、銀行にとってはいいタイミングではないこともあるのです。

借りないリスクは、将来会社が資金を必要としたときに借りられない、つまり資金に詰まって会社の存続が危ぶまれるというリスクです。

一方で借りるリスクは、利息を支払うことで資金が流出するというリスクです。1000万円借りた場合、金利2％として1年間で20万円の利息を払うというリスクです。2〜3％の金利など、会社が資金繰りに詰まることに比べたら、取るに足りないリスクです。

会社の重要課題に取り組む社長が、1ヵ月のうちで資金繰りに費やしていい理想的な時間はどのくらいだと思いますか？

その答えは「0時間」です。社長が資金繰りに時間をかけて生み出されるものは何もありません。つまり生産性はゼロなのです。

もちろん資金がなければ商売はできませんから、その調達も重要課題ではあります。しかし、資金に余裕さえあったら資金繰りなどで悩まなくてすむのです。

資金繰りで悩む社長は、まともな経営判断ができなくなります。どうしてそんな言動、考えをしてしまうのだろうかという例を数多く見てきました。

借りられるときに借りておく。銀行が貸したいと言ってきたら素直に借りておく。それもできる限り多めに借りておいたらいいのです。

積極性だけでは生き残れない

企業経営にとって一番大切なものは、誰が何と言っても「売上」です。どんなに素晴らしい理念があったとしても、どんなに有能な社員がいたとしても、どんなに優れた技術を持っていたとしても、提供するモノやサービスが売れないことには何も始まりません。

しかしこの厳しいご時世では、売上の拡大どころではなく、前年維持ができたら御の字という会社も少なくありません。

単純に売上を増やしたいだけであれば、借金を重ねてでも新規出店を続ければいいのですが、それではいずれ会社は資金繰りに詰まってしまいます。

すべて順調に行けばいいのですが、実際は売上が計画通りに上げられなかったり、設備のために受けた融資がネックとなって運転資金に支障を来したりしてしまうこともあります。かつてなら銀行も返済のために貸してくれたものですが、この頃はそんな対応をしてもらえないケースが増えてきました。

ですから、昨今の情勢下では、これまでと同じ感覚で無理やり売上を伸ばそうという発想はしないことです。

この発言は消極的に聞こえるかもしれませんが、現実に売上獲得を目論んで前向きな投資をした結果、在庫、売掛金、人員、設備が過大となり、本当に苦しんでいる会社がいくつもあります。

また、利益に貢献しない在庫、不動産、設備は貸借対照表上から思い切って処分することも必要になります。たとえ赤字が出ようとも、売却していくらかでも借金の返済に回して貸借対照表をスリムにするのです。見せかけだけの資産を持っていても重荷になるだけですから。

すべての投資が良くないと言っているのではありません。経営である以上は確実なことばかりではなく、時には多少のリスクを負う覚悟もしなくてはいけません。

しかし、私に「やめろ」と言われて迷ってしまう程度の思いつきの計画でしたら、やらないほうが無難なのではないでしょうか。

生産性を上げて給料も上げる

支払う給料が多い会社と少ない会社、そのどちらがいい会社と言えるでしょうか?

会社にとっては給与といえどもコストですから、少ないに越したことはありません。反対に社員にとって給料は多いほうがいいに決まっています。この矛盾はどうにかならないでしょうか。

実は、解決の方法が一つだけあるのです。それは社員一人あたりの生産性(粗利益)を高くすることです。

ここで、給料が多いとか少ないとかには、二通りの見方があります。一つは会社が支払う額、もう一つは各社員がもらう額です。この二つを混同してはいけません。

理想的には、会社としての労働分配率(粗利益に占める人件費の割合)は低く、かつ社員一人あたりの給与が高いことです。こういう会社なら、経営者も社員も「Everybody is happy」となります。

社員は「忙しいから人を入れてくれ」と簡単に言いますが、これではいつまで経っても生産性は上がりません。経営者には一人あたりの粗利益を必ず意識して採用をしてもらいたいものです。

忙しいことで生産性が上がるのではありません。客単価や販売数量の増加、作業効率の向上、原価率の圧縮などにより、少ない人数でより多くの価値を生み出すことでのみ生産性は上がるのです。

労働分配率が高いということは、生産性の低さの表れです。つまり給料に見合った働きができていないということですから、社員にしても胸を張れることではありません。

一方で給料が低ければ有能な社員も集まりませんから、経営者が高収益を期待しても無理と言うものです。

理想的には給料が1割高く、生産性が3割高いといったように、社員としては一人当たりの給料が高くて、会社としての労働分配率が低いことです。

優良企業ほど生産性の高い社員を抱え、労働分配率は低く、かつ一人当たりの給料は高いものです。

※粗利益＝売上高△（仕入れ＋外注費）

アウトソーシングを活用する

この頃は猫も杓子もＣＳ（顧客満足）の向上と言います。お客様の期待値を上回ることでＣＳは達成されるのですが、お客様が望むものならどんなことにでも対応するのがいいかと言うと、決してそんなことはありません。そんなことをしていたら、会社は潰れてしまいます。

あなたのお店が個性的なお店であっても、お客様の限りない期待に応えようと商品やサービスの幅を広げすぎると、焦点がぼやけたありきたりのお店になってしまうものです。それでは仕事量ばかりが増え、生産性はかえって低下してしまいます。反対に得意な分野に絞り込むことで個性のあるお店になるのです。

デパートのような立地と品揃え、お客様応対で、値段はディスカウントストア並みというのはあり得ないのです。お客様の期待通りに、品質、コスト、多様性、スピードの４つを同時に追求するビジネスは成り立ちません。

最高の品質を生むようなオペレーションでは最低のコストを実現できませんし、お客様の個別のご要望にお応えするためには迅速な応対が難しくなるのです。多くの期待に応えようとすると、社内は単純ではいられなくなります。

そんな社内の複雑化によるコストを削減するためには、アウトソーシングが有効です。最善の方法は、製造、マーケティング、販売、運送、総務経理などのうち、自社に強みのない分野を外部に委ねてしまうことです。

余さずに儲けようとして、あらゆることに手を広げてしまうから、社内は複雑になって余分なコストがかかってしまうのです。

無駄なことに振り回されることで、どれだけ社内は疲れ果てていることでしょうか。全部自分でやって儲けようとするくらいなら、いっそのこと自給自足でもしたらいいのです。

理想的には、間接部門などないほうがいいのです。本社機能なんて小さければ小さいほどいいのです。本業で収益を上げて、その他はアウトソーシングできたら最高です。ヒト、モノ、カネの8割は、お金を生む自社の強みに投入するのです。

社員が循環する会社にする

中小企業といえども、企業を成長、永続させることは経営者の命題です。家内工業であれば家族が食べていければそれでいいのかもしれませんが、他人社員を一人でも雇っているのでしたら、夢のある成長を目指してほしいものです。

新入社員を採用したくても、成長のない会社では採用できません。仕事が増えずに社員だけを増やすことはできないのです。

社員の給料を毎年昇給したくても、成長がなくてはかないません。売上が増えないのに昇給するのであれば、会社の利益を減らすか、経営者の取り分を減らすしかないのです。

理論上はともかく、このような拡大戦略にはいずれ限界が来てしまいます。多くの中小企業は永遠なる拡大を続けることは不可能なのです。

それでは、会社の規模が拡大することなく、新入社員を採用したり、社員の昇給を毎年実行したりすることはできないものでしょうか。

実は、これらの矛盾を解く方法が一つだけあります。それは社員の給料総額を上げなくてすむような会社をつくることです。

どんな会社が給料を上げなくてもいいのかと言うと、一つは若手からベテランまで各年代にバランスよく社員がいる会社です。

つまり退職と新規採用がバランスしていて、社員の循環が行われている会社です。こんな会社は毎年昇給をしていっても、給料の高い人が辞めていき、低い人を採用していますから、会社全体の給与総額はそんなに変わりません。そんな循環があると会社としての給料の総額は大きく変わらないため、規模の拡大を目指さなくてもすみます。

もう一つは、給料の高い社員が独立起業できるような会社です。そこにも社員の循環が生まれます。飲食店や美容院などには、いずれ自分のお店を持ちたいと願う若い人たちが夢を持って入社していています。会計事務所も同じです。実力をつけた社員が夢の実現のために起業できたら、残った社員もまた夢を見ることができるのではないでしょうか。

社員の循環、つまり入れ替えがないと、基本的に人件費は増えていきます。一定割合の社員が辞めていくのがいいのではなく、社員が人生のステージを上げるために前向きに巣立っていく、そんな会社っていいとは思いませんか？

リースは期限満了までしっかり使う

設備投資のとき、リースと買い取り、どちらが得だと思いますか？「事務機器、特に電子機器は陳腐化が速いからリースのほうが得」。こんな言葉を財務の現場でよく耳にします。皆様の会社は買い取り派ですか？それともリース派ですか？

買い取りとリースでどちらがいいのかは、資金繰りや利益の多寡など、会社の置かれている環境によって一概にどちらがいいとは言えない面がありますが、原則的には利益の出ている会社は買い取り、赤字の会社はリースが基本です。

かつての大石会計ではリース取引を多用していたのですが、今ではリース物件は一つもありません。手元に現金がないときには、銀行から借金してでもリース取引は避けるようにしています

資産の調達をリースでしていたときには、2〜3年すると顔馴染みの営業マンが新機種のカタログを持って売り込みに通ってきたものです。何度も通われると営業マンに根気負けし、あるいは新製品の魅力にも惹かれて新機種に入れ替えていました。ところが、これ

が罠なのです。

皆様はリース物件を中途で解約したら違約金を払わされるのをご存知でしょうか？　契約途中で新機種に入れ替えると、旧物件の違約金が新物件のリース料に組み込まれ、以後は本来よりも高いリース料を支払わされることになるのです。営業マンは営業に不利となるこの辺りの仕組みを詳しく説明してくれません。

そんな短期間の入れ替えを何度か繰り返し、気づいたら同じ機種を使用する他社と比べて、倍近いリース料を支払っていたなんてことは珍しい話ではありません。私も実際にハマってしまったトラップでした。ですから、リース期間中は解約も買い取りもできないと考えたほうがいいでしょう。

以前、業績好調な運送会社の社長から聞いた話です。絶対に儲からない運送屋とは、トラックを法定耐用年数（税法で定めた償却年数）使用したら新車両に入れ替えてしまう会社だと。

メンテナンスを丁寧にやり、法定耐用年数を超えてどれだけ使用できるか、それによって利益が生まれるのです。これは事務機器でもまったく同じです。リース期間満了までしっかり使って、その時点で再リースもしくは買い取って少しでも長く使いたいものです。

リースのメリット
●金融機関の借入枠を使わなくてすむ
●リース料は全額損金となるので資金繰りと損益が一致する
●将来の陳腐化度合いを予測し、リース期間を設定できる
●減価償却や償却資産税、損保加入などの手続きが不要である

リースのデメリット
●原則として中途解約ができない
●所有権がないので売却や処分ができない
●金利、手数料がリース料に含まれる
●リース期間終了後も物件を使用する場合は再リース料が必要となる

合わせ技で競争力を高める

今では何気なくしている外食ですが、私が子どもの頃は、外食とは日常の出来事ではありませんでした。少なくともわが家では貴重なイベントでしたから、父に連れて行ってもらった近所の食堂は幼き頃のいい思い出です。

今から40〜50年以上前の、ファミレスが世の中に登場する以前のことです。当時の食堂は食べ物を提供することそのものに意味があったので、今で言うようなサービス業といった認識はありませんでした。そこそこ美味しい料理をつくって提供するだけでよかったのです。お客様もそれ以上のことを望むような時代でもありませんでした。

どんな業界も、成長期においては本来の基本業務の提供だけで市場に受け入れられるものです。飲食店でしたら料理の提供、税理士でしたら税務相談や申告書の作成です。基本業務を行ってさえいれば、そこそこ適当に売れてしまうのです。

しかし業界が成熟してくると、基本業務が多少秀でただけでは売れなくなってしまいます。要するに成熟した業界では、基本業務だけでの差別化は難しいのです。

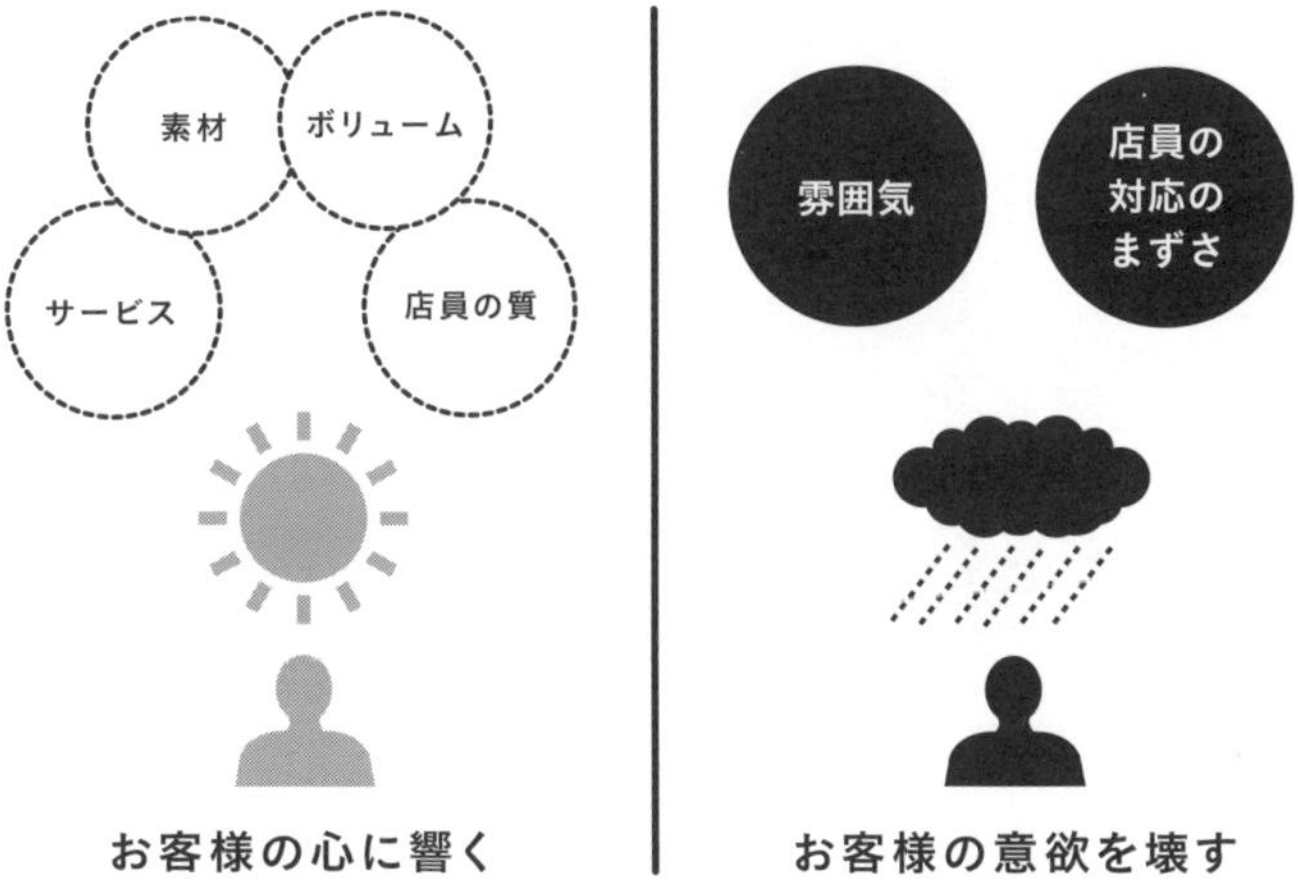

飲食店でしたら美味しいというだけではお客様を呼ぶことが難しくなるのです。本当に味だけで勝負できるお店は100軒中に何軒あるでしょうか。

お客様の心に響かせるには、味のほかにもう一つ何かが必要になります。それは店員の質、サービス、素材、ボリューム、客質、立地、広さ、歴史、空気感……など、場合によってはこれらのほうが料理以上にお客様の印象に残るものです。

反対に、お客様の消費意欲をぶち壊してしまうのは、店員の応対のまずさや雰囲気などです。お客様は美味しくないから行かなくなるのではなく、気分が悪いから行かなくなるのです。

これは我々税理士業界にしても同じことが言

えます。かつて昭和の時代は、繁忙期になると看板を掲げるだけで行列ができたという話も聞いたことがあります。今はもう昔、古き良き時代の話です。

今では税理士資格を持っているだけでは厳しい時代になりました。しかし、英語力があるとか、特定の業界に強いといったプラスαがあると話は別です。格段に競争力が増すのです。英語が喋れるだけの人でしたら世の中にたくさんいますが、それが税理士だったとしたら、途端に競争力がついてしまうわけですから、可能性は大いに広がります。

要するに本業だけで一本を取るのではなくて、本業と何かとの合わせ技で一本取るというのが現実的な差別化の方法なのです。

知識豊富な弁護士、腕のいい歯医者、美味しい飲食店……など、もちろんそうあるべきですし、そこに向けて努力すべきです。しかし、基本業務の水準と売上とは比例しないのです。商品知識なら誰にも負けない自動車セールスマンが、一流セールスマンとは限らないのです。

ホームページを有効に利用する

あなたの会社ではどんな営業ツールをお使いですか？　チラシ、ポスティング、ＤＭ、ショップカード、看板、ホームページ（ＨＰ）、ブログ、メルマガ……など、何が有効なのかは業種によって異なりますが、営業は口コミだけなんていうのは避けてもらいたいものです。

社長からときどき「当店は口コミを重視しているんです」と聞きます。たいした営業努力もしていないお店に限って、そんなセリフが出てくるのを私は経験上知っています。口コミ営業とは何もやらないことではありません。

お客様に口コミで広めてもらいたいのでしたら、お店の側が何を伝えたいのかをイメージし、それを言語化することです。いいモノをつくりさえすれば口コミで広がるなんていう期待はせず、お客様が誰かに話したくなるような工夫をするのです。

数ある営業ツールの中でもコストパフォーマンスが高いのは、やはりＨＰです。飲食店、美容院、花屋、病院、歯医者、中古車屋、不動産屋……など、インターネットの普及率はほぼ100％です。消費者の多くは行きたいお店の情報をネットで調べます。私の過去2度の事務所移転での物件探しはネット情報からでした。

ＨＰは新商品やイベント情報をタイムリーに広告できますし、何より24時間365日働き続けてくれます。他の媒体に比べ、多くの情報を掲載できます。ＨＰをつくらない経営者は、「更新しないならないほうがまし」「ネット客は移り気」などと言います。できない理由ややらない理由ではなく、どうしたらうまくできるのかを考えてほしいものです。

ＨＰのもう一つの効用としては、人材の採用現場でとても大きなメリットがあることです。最近の若者は求人情報を見たら、最初にＨＰのある会社の情報を集めますから、ＨＰがない会社はその段階でリクルート戦線から脱落です。

今やハローワークの求人情報もネット検索が当たり前になりました。ハローワークから自社ＨＰにリンクされていないと、そこでもまた不利な戦いとなります。

もちろんＨＰだけで営業や採用の問題が解決するわけではありません。噂を聞いて、チラシを見て、看板を見て、それからＨＰを見るのです。基本業務をしっかりすることが会社にとって一番大切なのですが、メッセージを社外に上手に伝えることも同じくらい大切です。そのためにもＨＰは極めて有効な合わせ技の一つになるのです。

優良顧客をえこひいきする

どんなに景気が悪いときでも、やはり年末に限っては多くのお店は実力以上の集客ができてしまいます。単純に普段より多くの人が街に出ますから、どのお店にも集客されてしまっているだけなのです。しかし同時に、サービスが雑になりがちなのもこの季節ですから注意が必要です。

飲食店を例にとっても、この時期は売上優先で現場のオペレーションだけに気を取られて、お客様の顔色を伺うことを忘れてしまっているお店は少なくありません。心を込めたおもてなしどころか、料理をできるだけ早く間違えないように提供することに神経の大半を使っているのは非常に残念なことです。

ましてや、そんなに忙しい思いをするのは年末だけです。年が明けた途端に、お客様数は減ってしまいます。特に2月は世の中の動きが停滞する月ですから、お客様を呼び込むことにどのお店も必死になるのです。そのときになってようやく、12月がどれだけありがたかったのかがわかります。

それにしても、多くのお店は割引券などで新規客は優遇するのに、いつも利用してくれる既存客を優遇しないのはどうしてなのでしょうか。新規客も大切なのですが、一番大切なのは既存のお客様なのです。たくさん利用してくれるお客様でしたら、なお大切にしなくてはなりません。ここで言うたくさんとは、回数ではなくて利用金額です。つまり、たくさんお金を使ってくれているお客様は絶対に優遇すべきなのです。

そのためには、あなたのお店で過去1年間の購入金額の上位2割の方をリストアップしてください。そしてその優良顧客を優遇してみることです。誰が見てもわかるような、明らかな優遇でいいのです。ヘビーユーザーを〝えこひいき〟することにクレームをつける人などいません。

〝えこひいき〟されるほど、優良顧客の方々はお友達にあなたのお店を紹介してくれることになります。そして優良顧客に紹介された方も、優良顧客になる可能性が高いのです。

常連客の前で、新規客が割引きチケット持参で同じものを安く買っていたのでは、何かが違う気がします。お客様をランク分けして上位客ほど優遇する、しかも明らかな優遇をする。どのお客様も平等に扱うことのほうがむしろ不平等なのだと認識しなくてはなりません。これが本来のお客様本位の応対なのではないでしょうか。

良さを見つけて高く売る

ビジネスの基本は、安く買ったモノをできるだけ高く売ることです。誤解されては困るのですが、これは決してお客様を欺く行為を勧めるものではありません。

会社は常に粗利（＝売上△仕入）を大きくすることを目指さなくてはなりません。同じモノを売っても、値引きすることでしか売れないような営業マンでしたら大いに問題ありです。単にモノを売ろうとするから、ライバルとの価格競争になってしまうのです。

お客様の立場からすると、商品が安いことよりも、多少高くても信頼できる営業マンから買いたくなるものです。あるビジネスマン研修では「エスキモーに氷を売れ」と、相手にとって必要のないモノでも、工夫や人間力によって売れるのだと説いているくらいです。

先日、某カーディーラーの元営業マンから、自社の取扱い車種と、自分が売りたいものとの違いが大きくなったのが転職した理由だと聞きました。しかし、自社の営業マンが納得して売りたいと思えるモノを扱っている会社がどれだけあるでしょうか。こんな営業マンはこれから何度転職を繰り返すのかわかりません。

ホンダ車の営業マンが、トヨタ車のほうが魅力的だと思っているようでしたら、その営業マンの販売成績は間違いなく悪いはずです。また、モノそのものが良ければ能力のない営業マンでも売れてしまいますが、そんな素晴らしい商品などなかなかないのが中小企業なのです。

それでも自社商品のいいところを、社内でもう一度確かめ合うことが必要です。売りたければ、いいところだけを凝視して営業するのがいいに決まっています。中小企業には大手企業を上回る商品や技術はなかなかありません。それこそが中小企業が中小企業たる所以でもあるのですから。

お客様に高く買っていただくためには、商品そのものに付加するサービスや物語が必要となります。何の違いもないモノを買うのであれば、誰だって安いほうを選ぶに決まっています。そこをあえて高くても買っていただけるように創意工夫するのがビジネスではないでしょうか。

かつて「黄色い財布はお金が貯まる」といって黄色い財布が流行ったことがあります。商品にほんの少しのストーリーを付加することで、価値はまったく違うものになるのです。結果としてお金が貯まるのは、黄色い財布を持った人ではなく、売った人なのです。

レシートを発行する

皆様はタクシーに乗ったときに、レシートをもらっているでしょうか？　事業経費で落とす場合はもちろんですが、車内に忘れ物をしたときに、レシート1枚で大助かりのこともあります。必ずもらうようにしてください。

では、皆様のお店では、お客様には必ずレシートをお渡ししているでしょうか？　お店によっては、レシートを求める人を面倒なお客と考えているように思えます。会計時にレジを打っていながらレシートを発行しないお店には少し呆れてしまいます。

仕事の都合であなたのお店を利用した人は必ずレシートを必要としますが、それ以外でも家計簿をつけるために欲しがる人もいるかもしれません。家に帰ってから何かの都合でお店に電話をしなくてはならないことも時にはあるでしょう。

ですから私は、新たにお店を始める人には必ずレシートを発行するように指導しています。いちいちお客様に催促させてはいけません。

レシートには、単に代金を受領した証というだけではなく、発行する側のメッセージを伝達する機能もあります。

お客様がレシートを見るたびに、お店やサービスについて思い出してもらえたら嬉しいではありませんか。ですから、レジスターでお店の名前が印刷されるのはもちろんですが、キャッチコピーなど、お店が大切にしていることも印刷できる機能があったらなおいいですね。

こちらから頼まなければレシートも領収書も発行してくれないお店からは、私は次第に足が遠のいていきます。状況によっては領収書を請求しにくい場面もありますし、お酒が入ると面倒になることもあるからです。レシートを発行することは何も特別なことではありません。こちらが黙っていても当たり前に（気を利かせてではなく）発行してほしいものです。

それにしてもタクシーの運転手さんが、お客様に渡さなかったレシートを溜め込んでいるのを見ると、持ち帰ったレシートってどうするのかなと思ってしまいます。税理士的発想ですね。

コストだけで引っ越さない

売上が伸び悩んで業績が悪くなると、経費削減を考えるのはどの経営者も同じです。そんなとき、家賃節約のためにと、店舗やオフィスを駅から遠く離れた少し不便な所に移転する会社があります。固定費の中でも家賃は人件費に次いで比重の重い経費ですから、気持ちはよくわかります。

確かにそれで経費は節約できます。しかし本当にそれでいいのでしょうか？　緊急時には目先の経費にこだわりがちですが、経費とともに大切なものも失っているということはないでしょうか？

不便な場所への移転で、営業マンの日々の外出時のロスタイムは増えていませんか？　社員の移動時間は、コストを生みはしても収益は一切生みません。ロスタイムが増えることによって、お客様との接触時間が短くなってしまうようでは本末転倒というものです。

それに、会社が駅から離れてしまっては、社員の採用に困りはしませんか？　何より会社の雰囲気が後ろ向きになりはしませんか？

不便なところに引っ越すことで家賃が目に見える形で減ったとしても、通勤費、残業代が増え、反対に売上まで減るようでは何のための移転なのかわかりません。経費が減る計算だけではなくて、それと並行して起こる現象まで含めて、総合的に判断してほしいものです。

お客様の来店を基本とする店舗の場合には、さらに注意が必要です。というのも、人は心理面において町の中心に向かうときの距離感と、反対に外側に向かうときの距離感には3倍もの違いがあるそうです。

つまり、お客様の住む家から駅に向かって1㎞にあるA店と、反対に駅から遠ざかった300m地点にあるB店とでは、心理的距離感はほぼ同じなのだそうです。

ということは、あなたのお店の商圏は店舗を中心にして駅とは反対側に長い楕円形となっているのです。あなたがターゲットにしている住宅地が店舗と駅との間に位置している場合には、そこのお客様はあなたのお店に実際の距離以上の心理的な距離感を感じているのかもしれません。

自分に合った器を見つける

私の税理士としての開業は、29歳のとき、新婚生活を送っていた木造2DKのアパートにPCとコピー機を持ち込んだだけの簡単なものでした。事務所を借りたくてもお金がなかったのです。

最初の目標は外に事務所を借りることで、さらに夢の中では、「いつか事務所兼用住宅を建てられたらなあ」と思ったものです。1階が事務所で、2・3階が住居なんていうのが理想でした。

結局その夢はかなわず、事務所は今でも賃貸のままです。しかし、それが結果オーライだったのです。

自宅敷地内で事務所経営をしている人を見ていると、多くの人がその事務所の館(器)の大きさに縛られてしまっているように思います。

事業が拡大すると、事務所はすぐに手狭になってしまいます。しかし潜在意識は替えることのできない器に自分たちを合わせようとするため、結果としてビジネスに制限をかけてしまうのです。

自社ビルで営業している同業者の方を見ていると、そう思えて仕方がありません。何十年経営しても、その器から出ることができないでいるのです。そもそも出ようとも思っていないのでしょう。

狭くなったら引っ越す。事業では、ヤドカリのように自分に合った器を見つけるのがいいのです。さらには少し広めで贅沢な器でしたらなおいいですね。潜在意識が、その器に相応しい自分たちになろうとするからです。

大石会計は創業から4回の引っ越しを経て、現在は４００㎡を超える事務所を借りて30人の社員で営業しています。もしも、住居兼事務所を購入していたらと思うとゾッとしてしまいます
経営は自分に制限をかけないことが大切です。発想に制限が少ない人のほうが成長は早いものです。脳天気なくらいの前向きさ、根拠のない自信、そんなのがいいのです。

税金は儲けて払う

赤字の会社と黒字の会社、どちらがいい会社かと問われれば、誰でも黒字だと言うに決まっています。しかし、「あなたの会社は?」と問われれば、多くの社長が利益は出したいが、出すぎは困ると言います。儲かるのはいいが、税金は払いたくないということです。

気持ちはわからなくもありませんが、ケツの穴（失礼）がちっちゃいなと思ってしまいます。とにかく多くの税金を払うことは損だと思っているのです。儲かっても税金を払わない方法などありませんから、税金を払いたくなかったら儲けないことです。

どう考えても税金をたくさん払う会社がいい会社に決まっています。会社の内部留保は税金を払った後の利益（税引き後利益）からしか増えないということを、経営者には心してほしいものです。

もちろん1円だって無駄な税金は払いたくありませんが、税金を多く払っている会社しかエクセレントカンパニーにはなれないのです。資本金は3００万円なのに自己資本は3億円、そんな会社が理想です。

もし将来に向けて会社を成長させたいと思うのでしたら、儲かった利益は将来の収益を生むためにつぎ込むしかありません。つぎ込む利益を上げられない会社は先細りするばかりです。

さらにその将来の収益も、早く獲得したかったら、資金調達も早くする必要があります。お金を貯めてから新しい店舗を開設するのでは、いつ開店できるかわかりません。銀行からお金を借りて、開いた店舗の売上で返済するのが一般的です。

銀行から融資を受ける場合も、赤字と黒字のどちらが有利かは言わずもがなですし、借りたお金も利益が出ないことには永遠に返すことができません。つまり、結局のところ、税金を払わないことには会社は楽にならないのです。

たくさん税金を払うことを勧める税理士もおかしなものですが、税金を減らすことしか能がないようでは、経営センスを疑ってしまいます。

ところで、税金の支払いを「納める」と言う人がいますが、私は「払う」と言っています。「納める」では、何だかお上に献上するようで、国民として納得がいきません。「取られる」という人もいますが、これもどうかと思います。税金は召し上げられたり取り上げられたりするのではなく、儲けて払うのがいいのではないでしょうか。

社員の時は金である

「自分の給料分は稼いでいる」と言って大見得を切る、少し頭の弱い社員がいますが、本来は「自分の給料分しか稼いでいない」と反省するところです。自分の価値を勝手に過大評価してはいけません。社員の価値は自分の給料分を稼ぐことではありません。

会社が生み出した粗利から次の①～③の経費が支出され、その残り④が利益となります。

一般的中小企業が目指すのは、一人当たり１０００万円の粗利です。

※粗利＝売上高△（仕入高＋外注費）

①年間給料総額
②法定福利費、厚生費、通勤費
③経常経費（家賃、冷暖房、通信、交通費、研修費、接待費、減価償却費等）
④目標利益

直接収益を上げられない間接部門の社員がいますから、営業マンは当たり前のように年間2000万円以上の粗利を稼ぎ出さなくてはなりません。裏方として地味な努力を重ねている人を含めて、会社のインフラがあればこそ、後顧の憂いなくお客様と対面できるのです。

昔から「給料の3倍稼げ」と言われますが、最前線にいる社員が自分の給料の2～3倍程度の生産性しか上げていないのだとしたら、会社に対する貢献度はないに等しいと心得るべきです。

一人当たり生産性の基準額1000万円を年間労働時間（2000時間前後）で割ると、各人の時間当たりの価値がわかります。総務や生産現場の人も同じ考え方ですから、1時間当たりでは5000円の生産性です。さらに60で割ると1分あたり83円の生産性となります。ということは、4人の社員が10分無駄話をしていると3320円が無駄になってしまうことになります。仕事中にタバコを吸う人は、1日に5回の喫煙で2000円が煙となって消えることになるのです。

時は金なり、一時も無駄にはできません。意味のない会合や出張は、今後も続けるべきなのかどうか検討する必要があります。

来期を語る

会社の通信簿である決算書の数字を見た社長から、その過去の成績に対してのコメントを求められることがあります。

経営者としては、原価率や労働分配率が高いとか、交際費の使いすぎだとか、一般的な会社と比べてどうなのかが気になるところでしょう。

もちろん他社との比較は大切です。しかしさらに大切なことは、社長が1年前にイメージしていたことと現状との間にどれだけのズレがあったかを検証することです。

そのためにも、社長がどうなりたいのか、何を実現したいのかを予め表明しておくことが大切なのです。ですから私は、決算の打ち合わせのときには、社長から来期の目標を聞くようにしています。

決算書の結果は過去のものですが、現時点で社長が考えるべきは将来のことです。5年後にどうなっていたいのか、会社の規模、市場、年商、お客様、扱い品目、社員、雰囲気について、経営者は良いイメージを持つことがとても大切なのです。

この数年先のイメージを文字や数字で表したものが、中期経営計画です。そして中期経営計画から逆算して、これから1年のイメージを文字や数字にしたものが単年度計画です。

現実には1年前にイメージした通りの結果が得られることは滅多にありません。良いにせよ悪いにせよ、イメージと結果とは乖離します。しかし、イメージと結果とのギャップそのものは問題ではありません。

イメージを実現すべく計画通りに行動してきたのか、実行したけれども結果が伴わなかったのか、イメージしたときと実際とでは環境が変わってしまったのか、イメージそのものが大き（小さ）すぎたのか。

どうして結果がイメージを下回った（上回った）のかを認識し、そのギャップを埋める対策を立てることが大切なのです。

社長がどうしたいのかを表明しないまま、やれ売上アップ、やれ新商品開発と笛を吹いても、社員は真剣に踊ることはできないものです。その前に、経営者であるあなたがどういう会社にしたいのかを社員に語るのが先ではないでしょうか。

経理を変えて会社を変える

皆様の会社では、経理はどのような方が担当しているでしょうか？　中小企業の場合、専任の経理はおらず、社員や社長が片手間で経理を行っているケースも少なくありません。

「経理担当者が突然辞めた」「内情を知られたくないので、社員には任せられない」「社長が経理をしている」「担当者からの情報が少なく、経理がブラックボックス化している」「経理のためだけに毎月20万円も給料を払えない」「銀行提出の借り入れ資料がつくれない」「決算間際にまとめて処理している」……などは、経営者から聞く経理についての悩みです。

すべての業務を社内で行うことで、利益が最大化されるとは限りません。反対にリスクにもなるのです。仮に有能な経理マンがいて、すべてを切り盛りしていたとしても、その人が辞めたら代わりの人はなかなか見つからないものです。

ましてや、中小企業といえども社長が帳簿つけをやっているようでは、会社にとっては大きな損失です。社長にはもっと大切な仕事があります。経理なんてやっている場合ではないのです。

会社は一人あたりの生産性（粗利益／社員数）の最大化を目指さなくてはなりません。一人ひとりの社員を有効活用することで生産性を上げられるのですから、利益を上げられない社員は会社にとって重荷になってしまうのです。

効率の悪い部門、苦手な部門はアウトソーシングし、社員も社長もコア業務に力を集中させることで、リスクが減り、生産性が向上するのです。

特に設立間もない会社の場合、事業が軌道に乗るまでは、お金を生む直接部門に人材を集中的に投入するのが正解なのです。

社内の経理事務（領収書の整理から銀行振り込みまで）の一部またはすべてを、経理代行を得意とする会計事務所に任せることで、限られた人材の有効活用が可能になります。経理担当社員を雇用するよりも低コストであること、そして何よりも専門家なのでご安心いただけます。

あとがき　会社はおとなの学校

私は常々、「会社はおとなの学校」だと言っております。20歳前後で世の中に出た人が、ビジネスマナーはもちろん、おとなとしての常識を身につけているかと言うと、それは無理というものです。誰もが学校や家庭で一定の社会常識を教えられてきたはずですが、社会に出たらそのままでは通用しません。

電話の出方や靴の脱ぎ履きにしても、家庭と会社ではまったく違います。また、名刺交換など、社会に出るまで誰も経験したことがないのが普通ですから、できなくて当然です。

そして、さらに大切なことは、表面的な立ち居振る舞いではなくて、何のために仕事をしているのか、誰のために仕事をしているのかという根本的な職業観ではないでしょうか。人生観とか職業観といった基本的な考え方は、生きていく上で最も重要なことではありますが、学校ではなかなか教えてもらえません。教えられる人が少ないのだと思います。

ですから、最初に入社した会社の経営者や上司の責任は重大です。はじめに間違った考え方に触れ、感化されると、その人の長い人生では大変なマイナスとなってしまいます。ひよこは、はじめに見たモノを親だと思ってしまうのです。

人は報酬のために働くと言います。しかし、その報酬は単なるお金とは限りません。むしろ、お金のために働くなんて人は少ないものです。健全な人でしたら、やりがいのある仕事をすることそのものも報酬ですし、技術や知識を磨いて職業人として成長できることも報酬です。また、人として成長できるのも立派な報酬ではないでしょうか。ですから、私は会社を「おとなの学校」と比喩するのです。

皆様自身はどうでしょうか？　どうして仕事をしているのかを考えたことがあるでしょうか？　生活のため、収入を得るため、人の役に立つため、能力開発のため、可能性追求のため、自己表現のため、自己実現のため……。いかがでしょうか、そこでお金のためというのでは、少し淋しい気がします。

今の社会には良くない症状があちらこちらに表れています。反対に子どもたちは恵まれすぎていて気の毒にさえ思えてきます。将来の社会をより良くするためには、子どもたちが良くならなくてはいけませんから、教育は社会的に重要なテーマです。

にもかかわらず、国の対応は右往左往しており、長期的展望に立った教育改革をしてい

ると は到底思えません。

もっとも、子どもの教育も学問だけでしたらともかく、躾、生き方、人生観などについては学校にばかり任せておけません。やはり成熟したおとなに囲まれた家庭が重要ではないでしょうか。要するに子どもの教育のためには、私たち親の世代が良くならなければいけないのです。

ところが今の社会システムの中では、おとなの公的教育機関などどこにもありません。私はそんな役割を果たせる数少ない場の一つが会社ではないかと思っています。

そのために私たち経営者ができることは、会社を楽しいおとなの教育の場にすることです。経営者がその気にさえなれば、すぐにでもできてしまいます。ただ儲けることだけが目的の経営者でしたら、お金のためだけに働いている社員と何ら変わりません。

もし社員たちが家に帰って、会社の愚痴をこぼしたり、人間関係を嘆いたりしているようでは、子どもたちの潜在意識の中には「仕事ってつまらない」「会社って嫌なところ」と刻み込まれてしまいます。

会社が楽しくて人としても成長していける場だと心から思えるような職場づくり、それは経営者の務めの一つではないでしょうか。そういった意味では、社長は「おとなの学校」

の校長先生なのです。
大石会計がワクワクした素晴らしい職場だとは言いませんが、私自身はそうなれたらいいと願っています。
いつも楽しげに会社の話をして、楽しげに出社する。そんなおとなを見て育った子どもたちは仕事が好きになるはずです。子どもが良くなると未来が良くなるのですから、おとなには大きな責任があります。そして会社にはさらに大きな責任があるのです。

最後に、本書を刊行するに当たり、原稿が遅れがちな私を、腐らず諦めずに励まし続けてくださった現代書林の企画の浅尾浩人さん、編集の小野田三実さんに深謝申し上げます。そして今回も最後まで校正に付き合ってくれた家内と二人の子供たち、多くの気付きを与え続けてくれる社員とお客様、いつも気にかけてくださる地域の方々に、この場を借りて厚く御礼を申し上げます。

平成二七年一二月

大石豊司

参考文献

楽しい論語塾　安岡定子著　致知出版社
論語の講義　諸橋轍次著　大修館書店
現代語訳 論語と算盤　渋沢栄一著　守屋淳訳　筑摩書房
教育勅語の真実　伊藤哲夫著　致知出版社
掃除道　鍵山秀三郎著　亀井民治編　ＰＨＰ研究所
五日市剛さんのツキを呼ぶ魔法の言葉　とやの健康ビレッジ
100％幸せな1％の人々　小林正観著　中経出版
自分の小さな「箱」から脱出する方法　アービンジャー・インスティチュート著　金森重樹監修　冨永星訳　大和書房
ファーストクラスに乗る人のシンプルな習慣　美月あきこ著　祥伝社
人間の関係　五木寛之著　ポプラ社
ビジョナリーカンパニー　ジェームズ・C・コリンズ／ジェリー・I・ポラス著　山岡洋一訳　日経ＢＰ社
ビジョナリーカンパニー2　飛躍の法則　ジェームズ・C・コリンズ著　山岡洋一訳　日経ＢＰ社
ビジョナリーカンパニー3　衰退の五段階　ジェームズ・C・コリンズ著　山岡洋一訳　日経ＢＰ社
ビジョナリーカンパニー4　自分の意志で偉大になる　ジム・コリンズ／モートン・ハンセン著　牧野洋訳　日経ＢＰ社
働かないアリに意義がある　長谷川 英祐著　メディアファクトリー
決定版　年間報酬3000万円超えが10年続くコンサルタントの教科書　和仁達也　かんき出版
たった5人集めれば契約が取れる！　顧客獲得セミナー成功法　遠藤晃著　ダイヤモンド社
幹部に年収1000万円を払う会社になろう　北見昌朗著　ＰＨＰ研究所

著者プロフィール

大石豊司（おおいし・とよじ）

税理法人大石会計事務所　代表社員
株式会社TOP ONE　代表取締役

1959年　山梨県富士河口湖町生まれ
中学時代は野球部、高校時代はボート部でインターハイ出場、明治学院大学時代はボクシング部に入部するも視力と根性が少々足りず２年で退部
1982年　山梨中央銀行入行
満足のいく銀行員生活を送る中、自己啓発のため、税理士の通信講座を受講
25歳のある日、友人と麻雀卓を囲みながら「今、俺はこんなことしていていいのかな？」と不安になり、生まれて初めて猛勉強
1985年　退路遮断のため、銀行を退職。1年間の受験浪人後、会計事務所勤務
1987年　税理士試験合格
1989年　新婚生活を送っていた木造２ＤＫアパートの一室で大石会計事務所創業
2014年　第2回会計事務所甲子園にて準優勝

趣味はゴルフと50歳で始めたマラソン。ゴルフではホールインワン2回経験。フルマラソン3時間37分40秒、100キロマラソン12時間23分7秒。

著書　『経営以前の社長の教科書』（現代書林）
『目覚めなさい！まだまだ伸びるあなたの会社』Vol1～3（P.Press）

●大石会計の変わった取り組み
元気の出る朝礼、社員が勝手に始めた週１回の地域清掃、社員の半数が参加するフルマラソン、月1回のハッピーランチ、地域の方にも開放する論語教室（講師は安岡定子先生）、社員にとってのいい会社創りを目指すビジョナリークラブ、教育勅語の暗唱、異業種交流会、サンクスカード、月一冊読書、お客様の店舗を利用した際に利用額の2割の手当支給、入社2年で絆の象徴カレッジリング支給、産休育休からの復帰率は100%……など

●大石会計事務所ホームページ
http://www.oishikaikei.com/

中小企業《ちゅうしょうきぎょう》を長《なが》く続《つづ》ける社長《しゃちょう》の指南書《しなんしょ》

2015年 12月28日 初版第1刷

著 者 ―――― 大石豊司《おおいしとよじ》
発行者 ―――― 坂本桂一
発行所 ―――― 現代書林
〒162-0053 東京都新宿区原町3-61 桂ビル
TEL／代表 03(3205)8384
振替00140-7-42905
http://www.gendaishorin.co.jp/

デザイン ―――― 吉崎広明（ベルソグラフィック）

印刷・製本 広研印刷㈱
乱丁・落丁本はお取り替えいたします。

定価はカバーに
表示してあります。

ISBN978-4-7745-1549-6 C0034

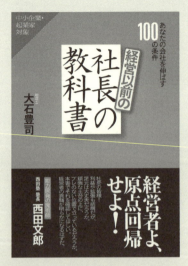